BIBLIOTHÈQUE
PORTATIVE
DU VOYAGEUR.

IMPRIMERIE DE C. L. F. PANCKOUCKE.

OEUVRES

DE

J. B. POQUELIN
DE MOLIÈRE.

TOME SECOND.

PARIS,
CHEZ T. DESOER, LIBRAIRE RUE POUPÉE, N°. 7.
A LIÉGE,
CHEZ J. F. DESOER, IMPRIMEUR-LIBRAIRE.

1815.

L'ÉCOLE
DES FEMMES,
COMÉDIE
EN CINQ ACTES.
1662.

PERSONNAGES.

ARNOLPHE ou LA SOUCHE.
AGNÈS, fille d'Enrique.
HORACE, amant d'Agnès, fils d'Oronte.
CHRYSALDE, ami d'Arnolphe.
ENRIQUE, beau-frère de Chrysalde et père d'Agnès.
ORONTE, père d'Horace et ami d'Arnolphe.
ALAIN, paysan, valet d'Arnolphe.
GEORGETTE, paysanne, servante d'Arnolphe.
UN NOTAIRE.

La scène est à Paris, dans une place d'un faubourg.

L'ÉCOLE DES FEMMES,

COMÉDIE.

ACTE PREMIER.

SCÈNE I.

CHRYSALDE, ARNOLPHE.

CHRYSALDE.

Vous venez, dites-vous, pour lui donner la main ?

ARNOLPHE.

Oui. Je veux terminer la chose dans demain.

CHRYSALDE.

Nous sommes ici seuls ; et l'on peut, ce me semble,
Sans craindre d'être ouïs, y discourir ensemble.
Voulez-vous qu'en ami je vous ouvre mon cœur ?
Votre dessein pour vous me fait trembler de peur ;
Et, de quelque façon que vous tourniez l'affaire,
Prendre femme est à vous un coup bien téméraire.

ARNOLPHE.

Il est vrai, notre ami, peut-être que, chez vous,
Vous trouvez des sujets de craindre pour chez nous ;

Et votre front, je crois, veut que du mariage
Les cornes soient par-tout l'infaillible apanage.
CHRYSALDE.
Ce sont coups du hasard, dont on n'est point garant;
Et bien sot, ce me semble, est le soin qu'on en prend.
Mais quand je crains pour vous, c'est cette raillerie
Dont cent pauvres maris ont souffert la furie :
Car enfin vous savez qu'il n'est grands ni petits
Que de votre critique on ait vus garantis;
Que vos plus grands plaisirs sont, par-tout où vous êtes,
De faire cent éclats des intrigues secrètes...
ARNOLPHE.
Fort bien. Est-il au monde une autre ville aussi
Où l'on ait des maris si patients qu'ici?
Est-ce qu'on n'en voit pas de toutes les espèces,
Qui sont accommodés chez eux de toutes pièces?
L'un amasse du bien, dont sa femme fait part
A ceux qui prennent soin de le faire cornard :
L'autre, un peu plus heureux, mais non pas moins infâme,
Voit faire tous les jours des présents à sa femme,
Et d'aucun soin jaloux n'a l'esprit combattu,
Parce qu'elle lui dit que c'est pour sa vertu.
L'un fait beaucoup de bruit qui ne lui sert de guères;
L'autre en toute douceur laisse aller les affaires,
Et, voyant arriver chez lui le damoiseau,
Prend fort honnêtement ses gants et son manteau.

L'une de son galant, en adroite femelle,
Fait fausse confidence à son époux fidèle,
Qui dort en sûreté sur un pareil appas,
Et le plaint, ce galant, des soins qu'il ne perd pas :
L'autre, pour se purger de sa magnificence,
Dit qu'elle gagne au jeu l'argent qu'elle dépense ;
Et le mari benet, sans songer à quel jeu,
Sur les gains qu'elle fait rend des grâces à Dieu.
Enfin ce sont par-tout des sujets de satire ;
Et, comme spectateur, ne puis-je pas en rire ?
Puis-je pas de nos sots...?

CHRYSALDE.

Oui : mais qui rit d'autrui
Doit craindre qu'en revanche on rie aussi de lui.
J'entends parler le monde ; et des gens se délassent
A venir débiter les choses qui se passent :
Mais, quoi que l'on divulgue aux endroits où je suis,
Jamais on ne m'a vu triompher de ces bruits.
J'y suis assez modeste : et bien qu'aux occurrences
Je puisse condamner certaines tolérances,
Que mon dessein ne soit de souffrir nullement
Ce que quelques maris souffrent paisiblement,
Pourtant je n'ai jamais affecté de le dire ;
Car enfin il faut craindre un revers de satire,
Et l'on ne doit jamais jurer sur de tels cas
De ce qu'on pourra faire, ou bien ne faire pas.
Ainsi, quand à mon front, par un sort qui tout mène,
Il serait arrivé quelque disgrace humaine,
Après mon procédé, je suis presque certain

Qu'on se contentera de s'en rire sous main :
Et peut-être qu'encor j'aurai cet avantage
Que quelques bonnes gens diront que c'est dommage.
Mais de vous, cher compère, il en est autrement ;
Je vous le dis encor, vous risquez diablement.
Comme sur les maris accusés de souffrance
De tout temps votre langue a daubé d'importance,
Qu'on vous a vu contre eux un diable déchaîné,
Vous devez marcher droit pour n'être point berné ;
Et, s'il faut que sur vous on ait la moindre prise,
Gare qu'aux carrefours on ne vous tympanise,
Et...

ARNOLPHE.

Mon dieu ! notre ami, ne vous tourmentez point.
Bien rusé qui pourra m'attrapper sur ce point.
Je sais les tours rusés et les subtiles trames
Dont pour nous en planter savent user les femmes ;
Et, comme on est dupé par leurs dextérités,
Contre cet accident j'ai pris mes sûretés ;
Et celle que j'épouse a toute l'innocence
Qui peut sauver mon front de maligne influence.

CHRYSALDE.

Hé ! que prétendez-vous ? qu'une sotte en un mot... ?

ARNOLPHE.

Epouser une sotte est pour n'être point sot.
Je crois, en bon chrétien, votre moitié fort sage :
Mais une femme habile est un mauvais présage ;
Et je sais ce qu'il coûte à de certaines gens
Pour avoir pris les leurs avec trop de talents.
Moi, j'irai me charger d'une spirituelle

Qui ne parlerait rien que cercle et que ruelle,
Qui de prose et de vers ferait de doux écrits,
Et que visiteraient marquis et beaux esprits,
Tandis que, sous le nom du mari de madame,
Je serais comme un saint que pas un ne réclame?
Non, non, je ne veux point d'un esprit qui soit haut;
Et femme qui compose en sait plus qu'il ne faut.
Je prétends que la mienne, en clartés peu sublime,
Même ne sache pas ce que c'est qu'une rime;
Et s'il faut qu'avec elle on joue au corbillon,
Et qu'on vienne à lui dire à son tour, Qu'y met-on?
Je veux qu'elle réponde, Une tarte à la crème;
En un mot, qu'elle soit d'une ignorance extrême :
Et c'est assez pour elle, à vous en bien parler,
De savoir prier Dieu, m'aimer, coudre et filer.

CHRYSALDE.

Une femme stupide est donc votre marotte?

ARNOLPHE.

Tant, que j'aimerais mieux une laide bien sotte,
Qu'une femme fort belle avec beaucoup d'esprit.

CHRYSALDE.

L'esprit et la beauté...

ARNOLPHE.

   L'honnêteté suffit.

CHRYSALDE.

Mais comment voulez-vous, après tout, qu'une bête
Puisse jamais savoir ce que c'est qu'être honnête?
Outre qu'il est assez ennuyeux, que je croi,
D'avoir toute sa vie une bête avec soi,

Pensez-vous le bien prendre, et que sur votre idée
La sûreté d'un front puisse être bien fondée?
Une femme d'esprit peut trahir son devoir,
Mais il faut pour le moins qu'elle ose le vouloir;
Et la stupide au sien peut manquer d'ordinaire
Sans en avoir l'envie et sans penser le faire.
          ARNOLPHE.
A ce bel argument, à ce discours profond,
Ce que Pantagruel à Panurge repond :
Pressez-moi de me joindre à femme autre que sotte,
Prêchez, patrocinez jusqu'à la pentecote;
Vous serez ébahi, quand vous serez au bout,
Que vous ne m'aurez rien persuadé du tout.
          CHRYSALDE.
Je ne vous dit plus mot.
          ARNOLPHE.
                    Chacun a sa méthode.
En femme, comme en tout, je veux suivre ma
    mode :
Je me vois riche assez pour pouvoir, que je croi,
Choisir une moitié qui tienne tout de moi,
Et de qui la soumise et pleine dépendance
N'ait à me reprocher aucun bien ni naissance.
Un air doux et posé, parmi d'autres enfants,
M'inspira de l'amour pour elle dès quatre ans :
Sa mère se trouvant de pauvreté pressée,
De la lui demander il me vint en pensée;
Et la bonne paysanne, apprenant mon désir,
A s'ôter cette charge eut beaucoup de plaisir.
Dans un petit couvent, loin de toute pratique,

Je la fis élever selon ma politique,
C'est-à-dire, ordonnant quels soins on emploierait
Pour la rendre idiote autant qu'il se pourrait.
Dieu merci, le succès a suivi mon attente ;
Et grande, je l'ai vue, à tel point innocente,
Que j'ai béni le ciel d'avoir trouvé mon fait
Pour me faire une femme au gré de mon souhait.
Je l'ai donc retirée ; et comme ma demeure
A cent sortes de gens est ouverte à toute heure,
Je l'ai mise à l'écart, comme il faut tout prévoir,
Dans cette autre maison où nul ne me vient voir ;
Et, pour ne point gâter sa bonté naturelle,
Je n'y tiens que des gens tout aussi simples qu'elle.
Vous me direz, Pourquoi cette narration ?
C'est pour vous rendre instruit de ma précaution.
Le résultat de tout est qu'en ami fidèle
Ce soir je vous invite à souper avec elle ;
Je veux que vous puissiez un peu l'examiner,
Et voir si de mon choix on doit me condamner.

CHRYSALDE.

J'y consens.

ARNOLPHE.

    Vous pourrez, dans cette conférence,
Juger de sa personne et de son innocence.

CHRYSALDE.

Pour cet article-là, ce que vous m'avez dit
Ne peut...

ARNOLPHE.

    La vérité passe encore mon récit.
Dans ses simplicités à tous coups je l'admire,

Et par fois elle en dit dont je pâme de rire.
L'autre jour, pourrait-on se le persuader?
Elle était fort en peine, et me vint demander,
Avec une innocence à nulle autre pareille,
Si les enfans qu'on fait se faisaient par l'oreille.
CHRYSALDE.
Je me réjouis fort, seigneur Arnolphe...
ARNOLPHE.
Bon!
Me voulez-vous toujours appeler de ce nom?
CHRYSALDE.
Ah! malgré que j'en aie, il me vient à la bouche,
Et jamais je ne songe à monsieur de la Souche.
Qui diable vous a fait aussi vous aviser
A quarante-deux ans de vous débaptiser,
Et d'un vieux tronc pourri de votre métairie
Vous faire dans le monde un nom de seigneurie?
ARNOLPHE.
Outre que la maison par ce nom se connaît,
La Souche plus qu'Arnolphe à mes oreilles plaît.
CHRYSALDE.
Quel abus de quitter le vrai nom de ses pères
Pour en vouloir prendre un bâti sur des chimères!
De la plupart des gens c'est la démangeaison;
Et, sans vous embrasser dans la comparaison,
Je sais un paysan qu'on appelait Gros-Pierre,
Qui, n'ayant pour tout bien qu'un seul quartier de terre,
Y fit tout alentour faire un fossé bourbeux,
Et de monsieur de l'Isle en prit le nom pompeux.

ACTE I, SCÈNE I.

ARNOLPHE.

Vous pourriez vous passer d'exemple de la sorte.
Mais enfin de la Souche est le nom que je porte :
J'y vois de la raison, j'y trouve des appas ;
Et m'appeler de l'autre est ne m'obliger pas.

CHRYSALDE.

Cependant la plupart ont peine à s'y soumettre,
Et je vois même encor des adresses de lettre...

ARNOLPHE.

Je le souffre aisément de qui n'est pas instruit ;
Mais vous...

CHRYSALDE.

Soit : là-dessus nous n'aurons point de bruit ;
Et je prendrai le soin d'accoutumer ma bouche
A ne vous plus nommer que monsieur de la Souche.

ARNOLPHE.

Adieu. Je frappe ici pour donner le bon jour,
Et dire seulement que je suis de retour.

CHRYSALDE, *à part, en s'en allant.*

Ma foi, je le tiens fou de toutes les manières.

ARNOLPHE, *seul.*

Il est un peu blessé de certaines matières.
Chose étrange de voir comme avec passion
Un chacun est chaussé de son opinion !

(*Il frappe à sa porte.*)

Holà !

SCÈNE II.

ARNOLPHE; ALAIN ET GEORGETTE
dans la maison.

ALAIN.

Qui heurte?

ARNOLPHE.

à part.

Ouvrez. On aura que je pense,
Grande joie à me voir après dix jours d'absence.

ALAIN.

Qui va là?

ARNOLPHE.

Moi.

ALAIN.

Georgette!

GEORGETTE.

Hé bien?

ALAIN.

Ouvre là-bas.

GEORGETTE.

Va-s-y-toi.

ALAIN.

Va-s-y-toi.

GEORGETTE.

Ma foi, je n'irai pas.

ALAIN.

Je n'irai pas aussi.

ACTE I, SCÈNE II.

ARNOLPHE.
Belle cérémonie
Pour me laisser dehors! Holà ho! je vous prie.

GEORGETTE.
Qui frappe?

ARNOLPHE.
Votre maître.

GEORGETTE.
Alain!

ALAIN.
Quoi?

GEORGETTE.
C'est monsieu.
Ouvre vîte.

ALAIN.
Ouvre, toi

GEORGETTE.
Je souffle notre feu.

ALAIN.
J'empêche, peur du chat, que mon moineau ne sorte.

ARNOLPHE.
Quiconque de vous deux n'ouvrira pas la porte
N'aura point à manger de plus de quatre jours.
Ah!

GEORGETTE.
Par quelle raison y venir, quand j'y cours?

ALAIN.
Pourquoi plutôt que moi? Le plaisant stratagême!

GEORGETTE.
Ote-toi donc de là.

ALAIN.
Non, ôte-toi, toi-même.
GEORGETTE.
Je veux ouvrir la porte.
ALAIN.
Et je veux l'ouvrir, moi.
GEORGETTE.
Tu ne l'ouvriras pas.
ALAIN.
Ni toi non plus.
GEORGETTE.
Ni toi.
ARNOLPHE.
Il faut que j'aie ici l'ame bien patiente !
ALAIN, *en entrant.*
Au moins, c'est moi, monsieur.
GEORGETTE, *en entrant.*
Je suis votre servante ;
C'est moi.
ALAIN.
Sans le respect de monsieur que voilà,
Je te...
ARNOLPHE, *recevant un coup d'Alain.*
Peste !
ALAIN.
Pardon.
ARNOLPHE.
Voyez ce lourdaud-là !
ALAIN.
C'est elle aussi, monsieur.

ACTE I, SCÈNE III.

ARNOLPHE.
                    Que tous deux on se taise.
Songez à me répondre, et laissons la fadaise.
Hé bien! Alain, comment se porte-t-on ici?

ALAIN.
Monsieur, nous nous...
(*Arnolphe ôte le chapeau de dessus la tête d'Alain.*)
                    Monsieur, nous nous por,...
         (*Arnolphe l'ôte encore.*)
                                        Dieu merci,
Nous nous...

ARNOLPHE, *ôtant le chapeau d'Alain pour la troisième fois, et le jetant par terre.*
                    Qui vous apprend, impertinente bête,
A parler devant moi, le chapeau sur la tête?

ALAIN.
Vous faites bien, j'ai tort.

ARNOLPHE, *à Alain.*
                    Faites descendre Agnès.

SCÈNE III.

ARNOLPHE, GEORGETTE.

ARNOLPHE.
Lorsque je m'en allai, fut-elle triste après?

GEORGETTE.
Triste? Non.

ARNOLPHE.
         Non!

GEORGETTE.
Si fait.
ARNOLPHE.
Pourquoi donc...?
GEORGETTE.
Oui, je meure!
Elle vous croyait de retour à toute heure;
Et nous n'oyions jamais passer devant chez nous
Cheval, âne, ou mulet, qu'elle ne prît pour vous.

SCÈNE IV.

ARNOLPHE, AGNÈS, ALAIN, GEORGETTE.

ARNOLPHE.
La besogne à la main! c'est un bon témoignage.
Hé bien, Agnès, je suis de retour du voyage :
En êtes-vous bien aise?
AGNÈS.
Oui, monsieur, Dieu merci.
ARNOLPHE.
Et moi de vous revoir je suis bien aise aussi.
Vous vous êtes toujours, comme on voit, bien portée?
AGNÈS.
Hors les puces, qui m'ont la nuit inquiétée.
ARNOLPHE.
Ah! vous aurez dans peu quelqu'un pour les chasser.
AGNÈS.
Vous me ferez plaisir.

ACTE I, SCÈNE VI.

ARNOLPHE,

Je le puis bien penser.
Que faites-vous donc là ?

AGNÈS.

Je me fais des cornettes.
Vos chemises de nuit et vos coëffes sont faites.

ARNOLPHE.

Ah ! voilà qui va bien ! Allez, montez là-haut :
Ne vous ennuyez point, je reviendrai tantôt,
Et je vous parlerai d'affaires importantes.

SCÈNE V.

ARNOLPHE, seul.

Héroïnes du temps, mesdames les savantes,
Pousseuses de tendresse et de beaux sentiments,
Je défie à-la-fois tous vos vers, vos romans,
Vos lettres, billets doux, toute votre science,
De valoir cette honnête et pudique ignorance.
Ce n'est point par le bien qu'il faut être ébloui ;
Et pourvu que l'honneur soit...

SCÈNE VI.

HORACE, ARNOLPHE.

ARNOLPHE.

Que vois-je ! Est-ce...? Oui.
Je me trompe. Nenni. Si fait. Non, c'est lui-même,
Hor...

HORACE.

Seigneur Ar...

ARNOLPHE.
Horace.
HORACE.
Arnolphe.
ARNOLPHE.
Ah ! joie extrême !
Et depuis quand ici ?
HORACE.
Depuis neuf jours.
ARNOLPHE.
Vraiment ?
HORACE.
Je fus d'abord chez vous, mais inutilement.
ARNOLPHE.
J'étais à la campagne.
HORACE.
Oui, depuis dix journées.
ARNOLPHE.
Oh ! comme les enfants croissent en peu d'années !
J'admire de le voir au point où le voilà,
Après que je l'ai vu pas plus grand que cela.
HORACE.
Vous voyez.
ARNOLPHE.
Mais de grâce, Oronte votre père,
Mon bon et cher ami que j'estime et révère,
Que fait-il à présent ? Est-il toujours gaillard ?
À tout ce qui le touche il sait que je prends part.
Nous ne nous sommes vus depuis quatre ans en-
    semble,

ACTE V, SCÈNE VI.

Ni, qui plus est, écrit l'un à l'autre, me semble.

HORACE.

Il est, seigneur Arnolphe, encor plus gai que nous:
Et j'avais de sa part une lettre pour vous;
Mais depuis par une autre il m'apprend sa venue,
Et la raison encor ne m'en est pas connue.
Savez-vous qui peut être un de vos citoyens
Qui retourne en ces lieux avec beaucoup de biens
Qu'il s'est en quatorze ans acquis dans l'Amérique?

ARNOLPHE.

Non. Mais vous a-t-on dit comme on le nomme?

HORACE.

Enrique.

ARNOLPHE.

Non.

HORACE.

Mon père m'en parle, et qu'il est revenu,
Comme s'il devait m'être entièrement connu,
Et m'écrit qu'en chemin ensemble ils se vont mettre
Pour un fait important que ne dit pas sa lettre.

(*Horace remet la lettre d'Oronte à Arnolphe.*)

ARNOLPHE.

J'aurai certainement grande joie à le voir,
Et pour le régaler je ferai mon pouvoir.

(*après avoir lu la lettre.*)

Il faut pour les amis des lettres moins civiles,
Et tous ces compliments sont choses inutiles.
Sans qu'il prît le souci de m'en écrire rien,
Vous pouvez librement disposer de mon bien.

HORACE.

Je suis homme à saisir les gens par leurs paroles,
Et j'ai présentement besoin de cent pistoles.

ARNOLPHE.

Ma foi, c'est m'obliger que d'en user ainsi,
Et je me réjouis de les avoir ici.
Gardez aussi la bourse.

HORACE.
Il faut...

ARNOLPHE.
Laissons ce style.
Hé bien ! comment encor trouvez-vous cette ville ?

HORACE.

Nombreuse en citoyens, superbe en bâtiments ;
Et j'en crois merveilleux les divertissements.

ARNOLPHE.

Chacun a ses plaisirs qu'il se fait à sa guise :
Mais pour ceux que du nom de galants on baptise,
Ils ont en ce pays de quoi se contenter,
Car les femmes y sont faites à coqueter :
On trouve d'humeur douce et la brune et la blonde,
Et les maris aussi les plus bénins du monde ;
C'est un plaisir de prince, et des tours que je voi
Je me donne souvent la comédie à moi.
Peut-être en avez-vous déjà féru quelqu'une.
Vous est-il point encore arrivé de fortune ?
Les gens faits comme vous font plus que les écus,
Et vous êtes de taille à faire des cocus.

HORACE.

A ne vous rien cacher de la vérité pure,

ACTE I, SCÈNE VI.

J'ai d'amour en ces lieux eu certaine aventure,
Et l'amitié m'oblige à vous en faire part.

ARNOLPHE, *à part.*

Bon ! Voici de nouveau quelque conte gaillard ;
Et ce sera de quoi mettre sur mes tablettes.

HORACE.

Mais, de grâce, qu'au moins ces choses soient secrètes.

ARNOLPHE.

Oh !

HORACE.

Vous n'ignorez pas qu'en ces occasions
Un secret éventé rompt nos prétentions.
Je vous avouerai donc avec pleine franchise
Qu'ici d'une beauté mon ame s'est éprise.
Mes petits soins d'abord ont eu tant de succès,
Que je me suis chez elle ouvert un doux accès,
Et, sans trop me vanter ni lui faire une injure,
Mes affaires y sont en fort bonne posture.

ARNOLPHE, *en riant.*

Et c'est ?

HORACE, *lui montrant le logis d'Agnès.*

Un jeune objet qui loge en ce logis
Dont vous voyez d'ici que les murs sont rougis ;
Simple, à la vérité, par l'erreur sans seconde
D'un homme qui la cache au commerce du monde,
Mais qui, dans l'ignorance où l'on veut l'asservir,
Fait briller des attraits capables de ravir ;
Un air tout engageant, je ne sais quoi de tendre
Dont il n'est point de cœur qui se puisse défendre.

Mais peut-être il n'est pas que vous n'ayez bien vu
Ce jeune astre d'amour de tant d'attraits pourvu :
C'est Agnès qu'on l'appelle.
ARNOLPHE, à part.
Ah ! je crève !
HORACE.
Pour l'homme,
C'est, je crois, de la Zousse, ou Source, qu'on le
nomme ;
Je ne me suis pas fort arrêté sur le nom :
Riche, à ce qu'on m'a dit ; mais des plus sensés, non.
Et l'on m'en a parlé comme d'un ridicule.
Le connaissez-vous point ?
ARNOLPHE, à part.
La fâcheuse pilule !
HORACE.
Hé ! vous ne dites mot ?
ARNOLPHE.
Et oui, je le connoi.
HORACE.
C'est un fou, n'est-ce pas ?
ARNOLPHE.
Hé...
HORACE.
Qu'en dites-vous ? Quoi ?
Hé, c'est-à-dire, oui. Jaloux à faire rire ?
Sot ? Je vois qu'il en est ce que l'on m'a pu dire.
Enfin l'aimable Agnès a su m'assujettir.
C'est un joli bijou, pour ne vous point mentir ;
Et ce serait pécher qu'une beauté si rare

ACTE I, SCÈNE VI.

Fût laissée au pouvoir de cet homme bizarre.
Pour moi, tous mes efforts, tous mes vœux les plus doux
Vont à m'en rendre maître en dépit du jaloux ;
Et l'argent que de vous j'emprunte avec franchise
N'est que pour mettre à bout cette juste entreprise.
Vous savez mieux que moi, quels que soient nos efforts,
Que l'argent est la clef de tous les grands ressorts,
Et que ce doux métal qui frappe tant de têtes,
En amour, comme en guerre, avance les conquêtes.
Vous me semblez chagrin ! Serait-ce qu'en effet
Vous désapprouveriez le dessein que j'ai fait ?

ARNOLPHE.

Non, c'est que je songeais...

HORACE.

Cet entretien vous lasse.
Adieu. J'irai chez vous tantôt vous rendre grâce.

ARNOLPHE, *se croyant seul.*

Ah ! faut-il... !

HORACE, *revenant.*

Derechef, veuillez être discret ;
Et n'allez pas, de grâce, éventer mon secret.

ARNOLPHE, *se croyant seul.*

Que je sens dans mon ame... !

HORACE, *revenant*

Et surtout à mon pere,
Qui s'en ferait peut-être un sujet de colère.

ARNOLPHE, *croyant qu'Horace revient encore.*

Oh !...

SCÈNE VII.

ARNOLPHE, seul.

Oh! que j'ai souffert durant cet entretien!
Jamais trouble d'esprit ne fut égal au mien.
Avec quelle imprudence et quelle hâte extrême
Il m'est venu conter cette affaire à moi-même!
Bien que mon autre nom le tienne dans l'erreur,
Étourdi montra-t-il jamais tant de fureur?
Mais, ayant tant souffert, je devais me contraindre
Jusques à m'éclaircir de ce que je dois craindre,
A pousser jusqu'au bout son caquet indiscret,
Et savoir pleinement leur commerce secret.
Tâchons de le rejoindre; il n'est pas loin, je pense:
Tirons-en de ce fait l'entière confidence.
Je tremble du malheur qui m'en peut arriver,
Et l'on cherche souvent plus qu'on ne veut trouver.

FIN DU PREMIER ACTE.

ACTE SECOND.

SCÈNE I.

ARNOLPHE.

Il m'est, lorsque j'y pense, avantageux sans doute
D'avoir perdu mes pas, et pu manquer sa route :
Car enfin de mon cœur le trouble impérieux
N'eût pu se renfermer tout entier à ses yeux ;
Il eût fait éclater l'ennui qui me dévore,
Et je ne voudrais pas qu'il sût ce qu'il ignore.
Mais je ne suis pas homme à gober le morceau,
Et laisser un champ libre aux yeux d'un damoiseau ;
J'en veux rompre le cours, et, sans tarder, apprendre
Jusqu'où l'intelligence entre eux a pu s'étendre :
J'y prends pour mon honneur un notable intérêt ;
Je la regarde en femme aux termes qu'elle en est ;
Elle n'a pu faillir sans me couvrir de honte,
Et tout ce qu'elle fait enfin est sur mon compte.
Eloignement fatal ! voyage malheureux !
(Il frappe à sa porte.)

SCÈNE II.

ARNOLPHE, ALAIN, GEORGETTE.

ALAIN.
Ah ! monsieur, cette fois...

ARNOLPHE.
                    Paix. Venez çà, tous deux.
Passez là, passez là. Venez là, venez, dis-je.
GEORGETTE.
Ah! vous me faites peur, et tout mon sang se fige.
ARNOLPHE.
C'est donc ainsi qu'absent vous m'avez obéi?
Et tous deux de concert vous m'avez donc trahi?
GEORGETTE, *tombant aux genoux d'Arnolphe.*
Hé! ne me mangez pas, monsieur, je vous conjure.
ALAIN, *à part.*
Quelque chien enragé l'a mordu, je m'assure.
ARNOLPHE, *à part.*
Ouf! Je ne puis parler, tant je suis prévenu;
Je suffoque, et voudrais me pouvoir mettre nu.
    (*à Alain et à Georgette.*)
Vous avez donc souffert, ô canaille maudite!
            (*à Alain qui veut s'enfuir.*)
Qu'un homme soit venu....? Tu veux prendre la
    fuite!
            (*à Georgette.*)
Il faut que sur-le-champ... Si tu bouges... Je veux
        (*à Alain.*)
Que vous me disiez... Hé! oui, je veux que tous
    deux...
(*Alain et Georgette se lèvent et veulent encore
        s'enfuir.*)
Quiconque remuera, par la mort! je l'assomme.
Comme est-ce que chez moi s'est introduit cet
    homme?

Hé! parlez. Dépêchez, vîte, promptement, tôt,
Sans rêver. Veut-on dire?
   ALAIN et GEORGETTE.
     Ah! ah!
GEORGETTE, *retombant aux genoux d'Arnolphe*
     Le cœur me faut.
 ALAIN, *retombant aux genoux d'Arnolphe.*
Je meurs.
   ARNOLPHE, *à part.*
   Je suis en eau : prenons un peu d'haleine ;
Il faut que je m'évente et que je me promène.
Aurais-je deviné, quand je l'ai vu petit,
Qu'il croîtrait pour cela? Ciel! que mon cœur pâtit!
Je pense qu'il vaut mieux que de sa propre bouche
Je tire avec douceur l'affaire qui me touche.
Tâchons à modérer notre ressentiment.
Patience, mon cœur, doucement, doucement.
   (*à Alain et à Georgette.*)
Levez-vous, et, rentrant, faites qu'Agnès descende.
   (*à part.*)
Arrêtez. Sa surprise en deviendrait moins grande;
Du chagrin qui me trouble ils iraient l'avertir,
Et moi-même je veux l'aller faire sortir.
   (*à Alain et à Georgette.*)
Que l'on m'attende ici.

SCÈNE III.

ALAIN, GEORGETTE.

GEORGETTE.

Mon dieu ! qu'il est terrible !
Ses regards m'ont fait peur, mais une peur horrible ;
Et jamais je ne vis un plus hideux chrétien.

ALAIN.

Ce monsieur l'a fâché ; je te le disais bien.

GEORGETTE.

Mais que diantre est-ce là, qu'avec tant de rudesse
Il nous fait au logis garder notre maîtresse ?
D'où vient qu'à tout le monde il veut tant la cacher,
Et qu'il ne saurait voir personne en approcher ?

ALAIN.

C'est que cette action le met en jalousie.

GEORGETTE.

Mais d'où vient qu'il est pris de cette fantaisie ?

ALAIN.

Cela vient... Cela vient de ce qu'il est jaloux.

GEORGETTE.

Oui ; mais pourquoi l'est-il ? et pourquoi ce courroux ?

ALAIN.

C'est que la jalousie... entends-tu bien, Georgette ?
Est une chose... là... qui fait qu'on s'inquiète...
Et qui chasse les gens d'autour d'une maison.
Je m'en vais te bailler une comparaison,
Afin de concevoir la chose davantage :

Dis-moi, n'est-il pas vrai, quand tu tiens ton po-
tage,
Que, si quelque affamé venait pour en manger,
Tu serais en colère, et voudrais le charger ?

GEORGETTE.
Oui, je comprends cela.

ALAIN.
C'est justement tout comme.
La femme est, en effet le potage de l'homme;
Et quand un homme voit d'autres hommes par fois
Qui veulent dans sa soupe aller tremper leurs doigts,
Il en montre aussitôt une colère extrême.

GEORGETTE.
Oui : mais pourquoi chacun n'en fait-il pas de même,
Et que nous en voyons qui paraissent joyeux
Lorsque leurs femmes sont avec les beaux monsieurs?

ALAIN.
C'est que chacun n'a pas cette amitié goulue
Qui n'en veut que pour soi.

GEORGETTE.
Si je n'ai la berlue,
Je le vois qui revient.

ALAIN.
Tes yeux sont bons, c'est lui.

GEORGETTE.
Vois comme il est chagrin.

ALAIN.
C'est qu'il a de l'ennui.

SCÈNE IV.

ARNOLPHE, ALAIN, GEORGETTE.
ARNOLPHE, *à part.*

Un certain Grec disait à l'empereur Auguste,
Comme une instruction utile autant que juste,
Que, lorsqu'une aventure en colère nous met,
Nous devons, avant tout, dire notre alphabet,
Afin que dans ce temps la bile se tempère,
Et qu'on ne fasse rien que l'on ne doive faire.
J'ai suivi sa leçon sur le sujet d'Agnès,
Et je la fais venir dans ce lieu tout exprès,
Sous prétexte d'y faire un tour de promenade,
Afin que les soupçons de mon esprit malade
Puissent sur le discours la mettre adroitement,
Et, lui sondant le cœur, s'éclaircir doucement.

SCÈNE V.

ARNOLPHE, AGNÈS, ALAIN, GEORGETTE.
ARNOLPHE.

Venez, Agnès.
(*à Alain et à Georgette.*)
Rentrez.

SCÈNE VI.

ARNOLPHE, AGNÈS.
ARNOLPHE.

La promenade est belle.

ACTE II, SCÈNE VI.

AGNÈS.

Fort belle.

ARNOLPHE.

Le beau jour!

AGNÈS.

Fort beau.

ARNOLPHE.

Quelle nouvelle?

AGNÈS.

Le petit chat est mort.

ARNOLPHE.

C'est dommage; mais quoi!
Nous sommes tous mortels, et chacun est pour soi.
Lorsque j'étais aux champs, n'a-t-il point fait de
 pluie?

AGNÈS.

Non.

ARNOLPHE.

Vous ennuyait-il?

AGNÈS.

Jamais je ne m'ennuie.

ARNOLPHE.

Qu'avez-vous fait encor ces neuf ou dix jours-ci?

AGNÈS.

Six chemises, je pense, et six coeffes aussi.

ARNOLPHE, *après avoir un peu rêvé*.

Le monde, chère Agnès, est une étrange chose!
Voyez la médisance, et comme chacun cause!
Quelques voisins m'ont dit qu'un jeune homme
 inconnu.

Était en mon absence à la maison venu ;
Que vous aviez souffert sa vue et ses harangues :
Mais je n'ai point pris foi sur ces méchantes langues,
Et j'ai voulu gager que c'était faussement...

AGNÈS.

Mon dieu ! ne gagez pas, vous perdriez vraiment.

ARNOLPHE.

Quoi ! c'est là la vérité qu'un homme... ?

AGNÈS.

      Chose sûre.
Il n'a presque bougé de chez nous, je vous jure.

ARNOLPHE, *bas, à part.*

Cet aveu qu'elle fait avec sincérité
Me marque pour le moins son ingénuité.
 (*haut*).
Mais il me semble, Agnès, si ma mémoire est bonne,
Que j'avais défendu que vous vissiez personne.

AGNÈS.

Oui : mais quand je l'ai vu, vous ignoriez pourquoi ;
Et vous en auriez fait sans doute autant que moi.

ARNOLPHE.

Peut-être. Mais enfin contez-moi cette histoire.

AGNÈS.

Elle est fort étonnante, et difficile à croire.
J'étais sur le balcon à travailler au frais,
Lorsque je vis passer sous les arbres d'auprès
Un jeune homme bien fait, qui, rencontrant ma vue,
D'une humble révérence aussitôt me salue :
Moi, pour ne point manquer à la civilité,

Je fis la révérence aussi de mon côté.
Soudain il me refait une autre révérence;
Moi, j'en refais de même une autre en diligence :
Et lui d'une troisième aussitôt repartant,
D'une troisième aussi j'y repars à l'instant.
Il passe, vient, repasse, et toujours de plus belle,
Me fait à chaque fois révérence nouvelle;
Et moi, qui tous ses tours fixement regardais,
Nouvelle révérence aussi je lui rendais :
Tant que, si sur ce point la nuit ne fût venue,
Toujours comme cela je me serais tenue,
Ne voulant point céder, ni recevoir l'ennui
Qu'il me pût estimer moins civile que lui.

ARNOLPHE.

Fort bien.

AGNÈS.

Le lendemain, étant sur notre porte,
Une vieille m'aborde, en parlant de la sorte :
« Mon enfant, le bon Dieu puisse-t-il vous bénir,
« Et dans tous vos attraits long-temps vous maintenir ! »
« Il ne vous a pas faite une belle personne
« Afin de mal user des choses qu'il vous donne;
« Et vous devez savoir que vous avez blessé
« Un cœur qui de s'en plaindre est aujourd'hui forcé. »

ARNOLPHE, *à part*.

Ah ! suppôt de Satan ! exécrable damnée !

AGNÈS.

Moi, j'ai blessé quelqu'un ! fis-je tout étonnée.

« Oui, dit-elle, blessé, mais blessé tout de bon ;
« Et c'est l'homme qu'hier vous vîtes du balcon. »
Hélas ! qui pourrait, dis-je, en avoir été cause ?
Sur lui, sans y penser, fis-je choir quelque chose ?
« Non, dit-elle ; vos yeux ont fait ce coup fatal,
« Et c'est de leurs regards qu'est venu tout son mal. »
Hé ! mon dieu ! ma surprise est, fis-je, sans seconde :
Mes yeux ont-ils du mal pour en donner au monde ?
« Oui, fit-elle, vos yeux, pour causer le trépas,
« Ma fille, ont un venin que vous ne savez pas.
« En un mot, il languit le pauvre misérable ;
« Et, s'il faut, poursuivit la vieille charitable,
« Que votre cruauté lui refuse un secours,
« C'est un homme à porter en terre dans deux jours. »
Mon dieu ! j'en aurais, dis-je, une douleur bien grande.
Mais pour le secourir qu'est-ce qu'il me demande ?
« Mon enfant, me dit-elle, il ne veut obtenir
« Que le bien de vous voir et vous entretenir ;
« Vos yeux peuvent eux seuls empêcher sa ruine,
« Et du mal qu'ils ont fait être la médecine. »
Hélas ! volontiers, dis-je ; et puisqu'il est ainsi,
Il peut, tant qu'il voudra, me venir voir ici.

ARNOLPHE, *à part.*

Ah ! sorcière maudite, empoisonneuse d'ames,
Puisse l'enfer payer tes charitables trames !

AGNÈS.

Voilà comme il me vit, et reçut guérison.

Vous-même, à votre avis, n'ai-je pas eu raison ?
Et pouvais-je, après tout, avoir la conscience
De le laisser mourir faute d'une assistance ?
Moi qui compatis tant aux gens qu'on fait souffrir,
Et ne puis, sans pleurer, voir un poulet mourir !
ARNOLPHE, *bas, à part.*
Tout cela n'est parti que d'une ame innocente ;
Et j'en dois accuser mon absence imprudente,
Qui sans guide a laissé cette bonté de mœurs
Exposée aux aguets des rusés séducteurs.
Je crains que le pendard, dans ses vœux téméraires,
Un peu plus fort que jeu n'ait poussé les affaires.
AGNÈS.
Qu'avez-vous ? Vous grondez, ce me semble, un
    petit ?
Est-ce que c'est mal fait ce que je vous ai dit ?
ARNOLPHE.
Non. Mais de cette vue apprenez-moi les suites,
Et comme le jeune homme a passé ses visites.
AGNÈS.
Hélas ! si vous saviez comme il était ravi,
Comme il perdit son mal sitôt que je le vi,
Le présent qu'il m'a fait d'une belle cassette,
Et l'argent qu'en ont eu notre Alain et Georgette,
Vous l'aimeriez sans doute, et diriez comme nous.
ARNOLPHE.
Oui. Mais que faisait-il étant seul avec vous ?
AGNÈS.
Il disait qu'il m'aimait d'une amour sans seconde,
Et me disait des mots les plus gentils du monde,

Des choses que jamais rien ne peut égaler,
Et dont, toutes les fois que je l'entends parler,
La douceur me chatouille, et là-dedans remue
Certain je ne sais quoi dont je suis tout émue.

ARNOLPHE, *bas, à part.*

O fâcheux examen d'un mystère fatal,
Où l'examinateur souffre seul tout le mal !

(*haut.*)

Outre tous ces discours, toutes ces gentillesses,
Ne vous faisait-il point aussi quelques caresses ?

AGNÈS.

Oh tant ! il me prenait et les mains et les bras,
Et de me les baiser il n'était jamais las.

ARNOLPHE.

Ne vous a-t-il point pris, Agnès, quelque autre
 chose ?

(*la voyant interdite.*)

Ouf !

AGNÈS.

Hé ! il m'a...

ARNOLPHE.
Quoi ?

AGNÈS.
pris...

ARNOLPHE.
Hé !

AGNÈS.
le...

ARNOLPHE.
Plaît-il ?

ACTE II, SCÈNE VI.

AGNÈS.

Je n'ose,
Et vous vous fâcherez peut-être contre moi.

ARNOLPHE.

Non.

AGNÈS.

Si fait.

ARNOLPHE.

Mon dieu ! non.

AGNÈS.

Jurez donc votre foi.

ARNOLPHE.

Ma foi, soit.

AGNÈS.

Il m'a pris... Vous serez en colère.

ARNOLPHE.

Non.

AGNÈS.

Si.

ARNOLPHE.

Non, non, non, non. Diantre ! que de mystère !
Qu'est-ce qu'il vous a pris ?

AGNÈS.

Il...

ARNOLPHE, *à part*.

Je souffre en damné.

AGNÈS.

Il m'a pris le ruban que vous m'aviez donné.
A vous dire le vrai, je n'ai pu m'en défendre.

ARNOPHE, *reprenant haleine.*
Passe pour le ruban. Mais je voulais apprendre
S'il ne vous a rien fait que vous baiser les bras.
AGNÈS.
Comment? est-ce qu'on fait d'autres choses?
ARNOLPHE.
Non pas.
Mais, pour guérir du mal qu'il dit qui le possède,
N'a-t-il pas exigé de vous d'autre remède?
AGNÈS.
Non. Vous pouvez juger, s'il en eût demandé,
Que pour le secourir j'aurais tout accordé.
ARNOLPHE, *bas, à part.*
Grâce aux bontés du ciel, j'en suis quitte à bon compte :
Si j'y retombe plus, je veux bien qu'on m'affronte.
(*haut.*)
Chut. De votre innocence, Agnès, c'est un effet;
Je ne vous en dit mot. Ce qui s'est fait est fait.
Je sais qu'en vous flattant le galant ne désire
Que de vous abuser, et puis après s'en rire.
AGNÈS.
Oh! point. Il me l'a dit plus de vingt fois à moi.
ARNOLPHE.
Ah! vous ne savez pas ce que c'est que sa foi.
Mais enfin apprenez qu'accepter des cassettes,
Et de ces beaux blondins écouter les sornettes,
Que se laisser par eux, à force de langueur,
Baiser ainsi les mains et chatouiller le cœur,
Est un péché mortel des plus gros qu'il se fasse.

ACTE II, SCÈNE VI.

AGNÈS.

Un péché, dites-vous! Et la raison, de grace?

ARNOLPHE.

La raison? La raison est l'arrêt prononcé
Que par ces actions le ciel est courroucé.

AGNÈS.

Courroucé! Mais pourquoi faut-il qu'il s'en cour-
rouce?
C'est une chose, hélas! si plaisante et si douce!
J'admire quelle joie on goûte à tout cela,
Et je ne savais point encor ces choses-là.

ARNOLPHE.

Oui, c'est un grand plaisir que toutes ces tendresses,
Ces propos si gentils, et ces douces caresses;
Mais il faut le goûter en toute honnêteté,
Et qu'en se mariant le crime en soit ôté.

AGNÈS.

N'est-ce plus un péché, lorsque l'on se marie?

ARNOLPHE.

Non.

AGNÈS.

Mariez-moi donc promptement, je vous prie.

ARNOLPHE.

Si vous le souhaitez, je le souhaite aussi;
Et pour vous marier on me revoit ici.

AGNÈS.

Est-il possible?

ARNOLPHE.

Oui.

AGNÈS.
Que vous me ferez aise !
ARNOLPHE.
Oui, je ne doute point que l'hymen ne vous plaise.
AGNÈS.
Vous nous voulez nous deux...?
ARNOLPHE.
Rien de plus assuré.
AGNÈS.
Que, si cela se fait, je vous caresserai !
ARNOLPHE.
Hé ! la chose sera de ma part réciproque.
AGNÈS.
Je ne reconnais point, pour moi, quand on se moque ;
Parlez-vous tout de bon ?
ARNOLPHE.
Oui, vous le pourrez voir.
AGNÈS.
Nous serons mariés ?
ARNOLPHE.
Oui.
AGNÈS.
Mais quand ?
ARNOLPHE.
Dès ce soir.
AGNÈS, *riant*.
Dès ce soir ?
ARNOLPHE.
Dès ce soir. Cela vous fait donc rire ?

AGNÈS.
Oui.
ARNOLPHE.
Vous voir bien contente est ce que je désire.
AGNÈS.
Hélas! que je vous ai grande obligation,
Et qu'avec lui j'aurai de satisfaction!
ARNOLPHE.
Avec qui?
AGNÈS.
Avec... Là...
ARNOLPHE.
Là... là n'est pas mon compte.
A choisir un mari vous êtes un peu prompte.
C'est un autre, en un mot, que je vous tiens tout
    prêt.
Et quant au monsieur Là, je prétends, s'il vous plaît,
Dût le mettre au tombeau le mal dont il vous berce,
Qu'avec lui désormais vous rompiez tout commerce,
Que, venant au logis, pour votre compliment
Vous lui fermiez au nez la porte honnêtement,
Et lui jetant, s'il heurte, un grès par la fenêtre,
L'obligiez tout de bon à ne plus y paraître.
M'entendez-vous, Agnès? Moi, caché dans un coin,
De votre procédé je serai le témoin.
AGNÈS.
Las! il est si bien fait! C'est...
ARNOLPHE.
Ah! que de langage!

AGNÈS.
Je n'aurai pas le cœur...

ARNOLPHE.
Point de bruit davantage.
Montez là haut.

AGNÈS.
Mais quoi! voulez-vous...

ARNOLPHE.
C'est assez
Je suis maître, je parle; allez, obéissez.

FIN DU SECOND ACTE.

ACTE TROISIÈME.

SCÈNE I.

ARNOLPHE, AGNÈS, ALAIN, GEORGETTE.

ARNOLPHE.

Oui, tout a bien été, ma joie est sans pareille :
Vous avez là suivi mes ordres à merveille,
Confondu de tout point le blondin séducteur ;
Et voilà de quoi sert un sage directeur.
Votre innocence, Agnès, avait été surprise :
Voyez, sans y penser, où vous vous étiez mise.
Vous enfiliez tout droit, sans mon instruction,
Le grand chemin d'enfer et de perdition.
De tous ces damoiseaux on sait trop les coutumes :
Ils ont de beaux canons, force rubans et plumes,
Grands cheveux, belles dents, et des propos fort
    doux ;
Mais, comme je vous dis, la griffe est là-dessous,
Et ce sont vrais satans, dont la gueule altérée
De l'honneur féminin cherche à faire curée.
Mais encore une fois, grâce au soin apporté,
Vous en êtes sortie avec honnêteté.
L'air dont je vous ai vu lui jeter cette pierre,
Qui de tous ses desseins a mis l'espoir par terre,
Me confirme encor mieux à ne point différer

Les noces où j'ai dit qu'il vous faut préparer.
Mais, avant toute chose, il est bon de vous faire
Quelque petit discours qui vous soit salutaire.
(*à Georgette et à Alain.*)
Un siége au frais ici. Vous, si jamais en rien...

GEORGETTE.

De toutes vos leçons nous nous souviendrons bien.
Cet autre monsieur-là nous en faisait accroire :
Mais...

ALAIN.

S'il entre jamais, je veux jamais ne boire.
Aussi-bien est-ce un sot, il nous a l'autre fois
Donné deux écus d'or qui n'étaient pas de poids.

ARNOLPHE.

Ayez donc pour souper tout ce que je désire ;
Et pour notre contrat, comme je viens de dire,
Faites venir ici, l'un ou l'autre, au retour,
Le notaire qui loge au coin du carrefour.

SCÈNE II.
ARNOLPHE, AGNÈS.

ARNOLPHE, *assis*.

Agnès, pour m'écouter, laissez-là votre ouvrage :
Levez un peu la tête et tournez le visage :
(*mettant le doigt sur son front.*)
Là, regardez-moi là durant cet entretien ;
Et, jusqu'au moindre mot, imprimez-le-vous bien.
Je vous épouse, Agnès ; et, cent fois la journée,
Vous devez bénir l'heur de votre destinée,

Contempler la bassesse où vous avez été,
Et dans le même temps admirer ma bonté,
Qui de ce vil état de pauvre villageoise
Vous fait monter au rang d'honorable bourgeoise,
Et jouir de la couche et des embrassements
D'un homme qui fuyait tous ces engagements,
Et dont à vingt partis fort capables de plaire
Le cœur a refusé l'honneur qu'il vous veut faire.
Vous devez toujours, dis-je, avoir devant les yeux
Le peu que vous étiez sans ce nœud glorieux,
Afin que cet objet d'autant mieux vous instruise
A mériter l'état où je vous aurai mise,
A toujours vous connaître, et faire qu'à jamais
Je puisse me louer de l'acte que je fais.
Le mariage, Agnès, n'est pas un badinage :
A d'austères devoirs le rang de femme engage;
Et vous n'y montez pas, à ce que je prétends,
Pour être libertine et prendre du bon temps.
Votre sexe n'est là que pour la dépendance :
Du côté de la barbe est la toute-puissance.
Bien qu'on soit deux moitiés de la société,
Ces deux moitiés pourtant n'ont point d'égalité :
L'une est moitié suprême, et l'autre subalterne;
L'une en tout est soumise à l'autre qui gouverne;
Et ce que le soldat dans son devoir instruit
Montre d'obéissance au chef qui le conduit,
Le valet à son maître, un enfant à son père,
A son supérieur le moindre petit frère,
N'approche point encor de la docilité,
Et de l'obéissance, et de l'humilité,

Et du profond respect où la femme doit être
Pour son mari, son chef, son seigneur et son maître.
Lorsqu'il jette sur elle un regard sérieux,
Son devoir aussitôt est de baisser les yeux,
Et de n'oser jamais le regarder en face,
Que quand d'un doux regard il lui veut faire grâce.
C'est ce qu'entendent mal les femmes d'aujourd'hui :
Mais ne vous gâtez pas sur l'exemple d'autrui.
Gardez-vous d'imiter ces coquettes vilaines
Dont par toute la ville on chante les fredaines,
Et de vous laisser prendre aux assauts du malin,
C'est-à-dire d'ouïr aucun jeune blondin.
Songez qu'en vous faisant moitié de ma personne,
C'est mon honneur, Agnès, que je vous abandonne;
Que cet honneur est tendre, et se blesse de peu;
Que sur un tel sujet il ne faut point de jeu;
Et qu'il est aux enfers des chaudières bouillantes
Où l'on plonge à jamais les femmes mal vivantes.
Ce que je vous dis là ne sont pas des chansons;
Et vous devez du cœur dévorer ces leçons.
Si votre ame les suit, et fuit d'être coquette,
Elle sera toujours, comme un lis, blanche et nette :
Mais s'il faut qu'à l'honneur elle fasse un faux bond,
Elle deviendra lors noire comme un charbon;
Vous paraîtrez à tous un objet effroyable,
Et vous irez un jour, vrai partage du diable,
Bouillir dans les enfers à toute éternité,
Dont vous veuille garder la céleste bonté !
Faites la révérence. Ainsi qu'une novice
Par cœur dans le couvent doit savoir son office,

Entrant au mariage il en faut faire autant ;
Et voici dans ma poche un écrit important
Qui vous enseignera l'office de la femme.
J'en ignore l'auteur, mais c'est quelque bonne ame,
Et je veux que ce soit votre unique entretien.
   (*Il se lève.*)
Tenez. Voyons un peu si vous le lirez bien.

AGNÈS lit.

LES MAXIMES DU MARIAGE,

OU

LES DEVOIRS DE LA FEMME MARIÉE,

avec son exercice journalier.

PREMIÈRE MAXIME.

CELLE qu'un lien honnête
Fait entrer au lit d'autrui,
Doit se mettre dans la tête,
Malgré le train d'aujourd'hui,
Que l'homme qui la prend ne la prend que pour lui.

ARNOLPHE.

Je vous expliquerai ce que cela veut dire :
Mais pour l'heure présente il ne faut rien que lire.

AGNÈS poursuit.

DEUXIÈME MAXIME.

Elle ne se doit parer

Qu'autant que peut désirer
Le mari qui la possède :
C'est lui que touche seul le soin de sa beauté ;
Et pour rien doit être compté
Que les autres la trouvent laide.

TROISIÈME MAXIME.

Loin ces études d'œillades,
Ces eaux, ces blancs, ces pommades,
Et mille ingrédients qui font des teints fleuris :
A l'honneur, tous les jours ce sont drogues mortelles :
Et les soins de paraître belles
Se prennent peu pour les maris.

QUATRIÈME MAXIME.

Sous sa coeffe en sortant, comme l'honneur l'ordonne,
Il faut que de ses yeux elle étouffe les coups ;
Car pour bien plaire à son époux,
Elle ne doit plaire à personne.

CINQUIÈME MAXIME.

Hors ceux dont au mari la visite se rend,
La bonne règle défend
De recevoir aucune ame :
Ceux qui de galante humeur
N'ont affaire qu'à madame
N'accommodent pas monsieur.

SIXIÈME MAXIME.

Il faut des présents des hommes

Qu'elle se défende bien ;
Car, dans le siècle où nous sommes,
On ne donne rien pour rien.

SEPTIÈME MAXIME.

Dans ses meubles, dût-elle en avoir de l'ennui,
Il ne faut écritoire, encre, papier ni plumes :
   Le mari doit, dans les bonnes coutumes,
Ecrire tout ce qui s'écrit chez lui.

HUITIÈME MAXIME.

   Ces sociétés déréglées
   Qu'on nomme belles assemblées
Des femmes tous les jours corrompent les esprits :
En bonne politique on les doit interdire ;
   Car c'est là que l'on conspire
   Contre les pauvres maris.

NEUVIÈME MAXIME.

Toute femme qui veut à l'honneur se vouer
   Doit se défendre de jouer,
   Comme d'une chose funeste :
   Car le jeu fort décevant
   Pousse une femme souvent
   A jouer de tout son reste.

DIXIÈME MAXIME.

   Des promenades du temps,
Ou repas qu'on donne aux champs,
Il ne faut point qu'elle essaie.

Selon les prudents cerveaux,
Le mari dans ces cadeaux
Est toujours celui qui paie.

ONZIÈME MAXIME.

ARNOLPHE.

Vous acheverez seule; et, pas à pas, tantôt
Je vous expliquerai ces choses comme il faut.
Je me suis souvenu d'une petite affaire :
Je n'ai qu'un mot à dire, et ne tarderai guère,
Rentrez; et conservez ce livre chèrement.
Si le notaire vient, qu'il m'attende un moment.

SCÈNE III.

ARNOLPHE, *seul.*

Je ne puis faire mieux que d'en faire ma femme.
Ainsi que je voudrai, je tournerai cette ame;
Comme un morceau de cire entre mes mains elle est,
Et je lui puis donner la forme qui me plaît.
Il s'en est peu fallu que, durant mon absence,
On ne m'ait attrapé par son trop d'innocence;
Mais il vaut beaucoup mieux, à dire vérité,
Que la femme qu'on a pèche de ce côté.
De ces sortes d'erreurs le remède est facile.
Toute personne simple aux leçons est docile;
Et, si du bon chemin on la fait écarter,
Deux mots incontinent l'y peuvent rejeter.
Mais une femme habile est bien une autre bête :
Notre sort ne dépend que de sa seule tête,

ACTE III, SCÈNE IV.

De ce qu'elle s'y met rien ne la fait gauchir,
Et nos enseignements ne font là que blanchir :
Son bel esprit lui sert à railler nos maximes,
A se faire souvent des vertus de ses crimes,
Et trouver, pour venir à ses coupables fins,
Des détours à duper l'adresse des plus fins.
Pour se parer du coup en vain on se fatigue :
Une femme d'esprit est un diable en intrigue ;
Et, dès que son caprice a prononcé tout bas
L'arrêt de notre honneur, il faut passer le pas :
Beaucoup d'honnêtes gens en pourraient bien que
 dire.
Enfin mon étourdi n'aura pas lieu d'en rire ;
Par son trop de caquet il a ce qu'il lui faut.
Voilà de nos Français l'ordinaire défaut :
Dans la possession d'une bonne fortune,
Le secret est toujours ce qui les importune ;
Et la vanité sotte a pour eux tant d'appas,
Qu'ils se pendraient plutôt que de ne causer pas.
Oh ! que les femmes sont du diable bien tentées
Lorsqu'elles vont choisir ces têtes éventées !
Et que... Mais le voici. Cachons-nous toujours bien,
Et découvrons un peu quel chagrin est le sien.

SCÈNE IV.

HORACE, ARNOLPHE.

HORACE.

Je reviens de chez vous, et le destin me montre
Qu'il n'a pas résolu que je vous y rencontre.

Mais j'irai tant de fois, qu'enfin quelque moment...
ARNOLPHE.
Hé! mon dieu! n'entrons point dans ce vain compliment :
Rien ne me fâche tant que ces cérémonies ;
Et, si l'on m'en croyait, elles seraient bannies.
C'est un maudit usage ; et la plupart des gens
Y perdent sottement les deux tiers de leur temps.
(Il se couvre.)
Mettons donc sans façon. Hé bien ! vos amourettes ?
Puis-je, seigneur Horace, apprendre où vous en êtes ?
J'étais tantôt distrait par quelque vision ;
Mais depuis là-dessus j'ai fait réflexion.
De vos premiers progrès j'admire la vîtesse,
Et dans l'évènement mon ame s'intéresse.
HORACE.
Ma foi, depuis qu'à vous s'est découvert mon cœur,
Il est à mon amour arrivé du malheur.
ARNOLPHE.
Oh! oh! comment cela ?
HORACE.
La fortune cruelle
A ramené des champs le patron de la belle.
ARNOLPHE.
Quel malheur !
HORACE.
Et de plus, à mon très-grand regret,
Il a su de nous deux le commerce secret.
ARNOLPHE.
D'où diantre a-t-il sitôt appris cette aventure?

ACTE III, SCÈNE IV.

HORACE.

Je ne sais : mais enfin c'est une chose sûre.
Je pensais aller rendre, à mon heure à-peu-près,
Ma petite visite à ses jeunes attraits,
Lorsque, changeant pour moi de ton et de visage,
Et servante et valet m'ont bouché le passage,
Et d'un, *Retirez-vous, vous nous importunez*,
M'ont assez rudement fermé la porte au nez.

ARNOLPHE.

La porte au nez !

HORACE.

Au nez.

ARNOLPHE.

La chose est un peu forte.

HORACE.

J'ai voulu leur parler au travers de la porte ;
Mais à tous mes propos ce qu'ils ont répondu,
C'est, *Vous n'entrerez point, monsieur l'a défendu.*

ARNOLPHE.

Ils n'ont donc point ouvert ?

HORACE.

Non. Et de la fenêtre
Agnès m'a confirmé le retour de ce maître,
En me chassant de là d'un ton plein de fierté,
Accompagné d'un grès que sa main a jeté.

ARNOLPHE.

Comment ! d'un grès !

HORACE.

D'un grès de taille non petite,
Dont on a par ses mains régalé ma visite.

ARNOLPHE.
Diantre! ce ne sont pas des prunes que cela!
Et je trouve fâcheux l'état où vous voilà.
HORACE.
Il est vrai, je suis mal par ce retour funeste.
ARNOLPHE.
Certes, j'en suis fâché pour vous, je vous proteste.
HORACE.
Cet homme me rompt tout.
ARNOLPHE.
　　　　　　　　Oui; mais cela n'est rien;
Et de vous raccrocher vous trouverez moyen.
HORACE.
Il faut bien essayer, par quelque intelligence,
De vaincre du jaloux l'exacte vigilance.
ARNOLPHE.
Cela vous est facile; et la fille, après tout,
Vous aime.
HORACE.
Assurément.
ARNOLPHE.
　　　　　　　Vous en viendrez à bout.
HORACE.
Je l'espère.
ARNOLPHE.
　　　　　Le grès vous a mis en déroute;
Mais cela ne doit pas vous étonner.
HORACE.
　　　　　　　　　　　　Sans-doute;
Et j'ai compris d'abord que mon homme était là,

ACTE III, SCÈNE IV.

Qui, sans se faire voir, conduisait tout cela.
Mais ce qui m'a surpris, et qui va vous surprendre,
C'est un autre incident que vous allez entendre;
Un trait hardi qu'a fait cette jeune beauté,
Et qu'on n'attendrait point de sa simplicité.
Il le faut avouer, l'amour est un grand maître :
Ce qu'on ne fut jamais il nous enseigne à l'être;
Et souvent de nos mœurs l'absolu changement
Devient par ses leçons l'ouvrage d'un moment.
De la nature en nous il force les obstacles,
Et ses effets soudains ont de l'air des miracles.
D'un avare à l'instant il fait un libéral,
Un vaillant d'un poltron, un civil d'un brutal;
Il rend agile à tout l'ame la plus pesante,
Et donne de l'esprit à la plus innocente.
Oui, ce dernier miracle éclate dans Agnès;
Car tranchant avec moi par ces termes exprès,
« Retirez-vous, mon ame aux visites renonce,
« Je sais tous vos discours, et voilà ma réponse »,
Cette pierre ou ce grès dont vous vous étonniez
Avec un mot de lettre est tombée à mes pieds;
Et j'admire de voir cette lettre ajustée
Avec le sens des mots et la pierre jetée.
D'une telle action n'êtes-vous pas surpris?
L'amour sait-il pas l'art d'aiguiser les esprits?
Et peut-on me nier que ses flammes puissantes
Ne fassent dans un cœur des choses étonnantes?
Que dites-vous du tour et de ce mot d'écrit?
Hé! n'admirez-vous point cette adresse d'esprit?
Trouvez-vous pas plaisant de voir quel personnage

A joué mon jaloux dans tout ce badinage?
Dites.
ARNOLPHE.
Oui, fort plaisant.
HORACE.
Riez-en donc un peu.
(Arnolphe rit d'un air forcé.)
Cet homme gendarmé d'abord contre mon feu,
Qui chez lui se retranche, et de grès fait parade,
Comme si j'y voulais entrer par escalade;
Qui pour me repousser, dans son bizarre effroi,
Anime du dedans tous ses gens contre moi;
Et qu'abuse à ses yeux, par sa machine même,
Celle qu'il veut tenir dans l'ignorance extrême!
Pour moi, je vous l'avoue, encor que son retour
En un grand embarras jette ici mon amour,
Je tiens cela plaisant, autant qu'on saurait dire:
Je ne puis y songer sans de bon cœur en rire;
Et vous n'en riez pas assez, à mon avis.
ARNOLPHE, *avec un ris forcé.*
Pardonnez-moi, j'en ris tout autant que je puis.
HORACE.
Mais il faut qu'en ami je vous montre sa lettre.
Tout ce que son cœur sent, sa main a su l'y mettre,
Mais en termes touchants et tout pleins de bonté,
De tendresse innocente et d'ingénuité,
De la manière enfin que la pure nature
Exprime de l'amour la première blessure.
ARNOLPHE, *bas, à part.*
Voilà, fripponne, à quoi l'écriture te sert;

ACTE III, SCÈNE IV.

Et, contre mon dessein, l'art t'en fut découvert.

HORACE *lit.*

« JE veux vous écrire, et je suis bien en peine
« par où je m'y prendrai. J'ai des pensées que je
« désirerais que vous sussiez ; mais je ne sais com-
« ment faire pour vous les dire, et je me défie de
« mes paroles. Comme je commence à connaître
« qu'on m'a toujours tenue dans l'ignorance, j'ai
« peur de mettre quelque chose qui ne soit pas
« bien, et d'en dire plus que je ne devrais. En vé-
« rité, je ne sais ce que vous m'avez fait ; mais je
« sens que je suis fâchée à mourir de ce qu'on me
« fait faire contre vous, que j'aurai toutes les
« peines du monde à me passer de vous, et que je
« serais bien aise d'être à vous. Peut-être qu'il y
« a du mal à dire cela ; mais enfin je ne puis
« m'empêcher de le dire, et je voudrais que cela
« se pût faire sans qu'il y en eût. On me dit fort
« que tous les jeunes hommes sont des trompeurs,
« qu'il ne les faut point écouter, et que tout ce
« que vous me dites n'est que pour m'abuser :
« mais je vous assure que je n'ai pu encore me
« figurer cela de vous ; et je suis si touchée de vos
« paroles, que je ne saurais croire qu'elles soient
« menteuses. Dites-moi franchement ce qui en est :
« car enfin, comme je suis sans malice, vous au-
« riez le plus grand tort du monde si vous me
« trompiez, et je pense que j'en mourrais de dé-
« plaisir. »

ARNOLPHE, *à part.*

Hon! chienne!

HORACE.

Qu'avez-vous?

ARNOLPHE.

Moi? rien. C'est que je tousse.

HORACE.

Avez-vous jamais vu d'expression plus douce?
Malgré les soins maudits d'un injuste pouvoir,
Un plus beau naturel se peut-il faire voir?
Et n'est-ce pas sans doute un crime punissable
De gâter méchamment ce fonds d'ame admirable,
D'avoir dans l'ignorance et la stupidité
Voulu de cet esprit étouffer la clarté?
L'amour a commencé d'en déchirer le voile;
Et si, par la faveur de quelque bonne étoile,
Je puis, comme j'espère, à ce franc animal,
Ce traître, ce bourreau, ce faquin, ce brutal...

ARNOLPHE.

Adieu.

HORACE.

Comment! si vîte.

ARNOLPHE.

Il m'est dans la pensée
Venu tout maintenant une affaire pressée.

HORACE.

Mais ne sauriez-vous point, comme on la tient de près,
Qui dans cette maison pourrait avoir accès?
J'en use sans scrupule; et ce n'est pas merveille

Qu'on se puisse, entre amis, servir à la pareille.
Je n'ai plus là-dedans que gens pour m'observer ;
Et servante et valet, que je viens de trouver,
N'ont jamais, de quelque air que je m'y sois pu prendre,
Adouci leur rudesse à me vouloir entendre.
J'avais pour de tels coups certaine vieille en main,
D'un génie, à vrai dire, au-dessus de l'humain :
Elle m'a dans l'abord servi de bonne sorte ;
Mais, depuis quatre jours, la pauvre femme est morte.
Ne me pourriez-vous point ouvrir quelque moyen ?

ARNOLPHE.

Non, vraiment ; et sans moi vous en trouverez bien.

HORACE.

Adieu donc. Vous voyez ce que je vous confie.

SCÈNE V.

ARNOLPHE, *seul*.

Comme il faut devant lui que je me mortifie !
Quelle peine à cacher mon déplaisir cuisant !
Quoi ! pour une innocente un esprit si présent !
Elle a feint d'être telle à mes yeux, la traîtresse,
Ou le diable à son ame a soufflé cette adresse.
Enfin me voilà mort par ce funeste écrit.
Je vois qu'il a, le traître, empaumé son esprit,
Qu'à ma suppression il s'est ancré chez elle ;
Et c'est mon désespoir et ma peine mortelle.
Je souffre doublement dans le vol de son cœur ;

Et l'amour y pâtit aussi bien que l'honneur.
J'enrage de trouver cette place usurpée,
Et j'enrage de voir ma prudence trompée.
Je sais que, pour punir son amour libertin,
Je n'ai qu'à laisser faire à son mauvais destin,
Que je serai vengé d'elle par elle-même :
Mais il est bien fâcheux de perdre ce qu'on aime.
Ciel ! puisque pour un choix j'ai tant philosophé,
Faut-il de ses appas m'être si fort coeffé !
Elle n'a ni parents, ni support, ni richesse ;
Elle trahit mes soins, mes bontés, ma tendresse :
Et cependant je l'aime, après ce lâche tour,
Jusqu'à ne me pouvoir passer de cet amour.
Sot ! n'as-tu point de honte ? Ah ! je crève, j'enrage,
Et je souffletterais mille fois mon visage.
Je veux entrer un peu, mais seulement pour voir
Quelle est sa contenance après un trait si noir.
Ciel, faites que mon front soit exempt de disgrace ;
Ou bien, s'il est écrit qu'il faille que j'y passe,
Donnez-moi tout au moins, pour de tels accidents,
La constance qu'on voit à de certaines gens !

FIN DU TROISIÈME ACTE.

ACTE QUATRIÈME.
SCÈNE I.
ARNOLPHE.

J'AI peine, je l'avoue, à demeurer en place,
Et de mille soucis mon esprit s'embarrasse,
Pour pouvoir mettre un ordre et dedans et dehors
Qui du godelureau rompe tous les efforts.
De quel œil la traîtresse a soutenu ma vue !
De tout ce qu'elle a fait elle n'est point émue ;
Et, bien qu'elle me mette à deux doigts du trépas,
On dirait, à la voir, qu'elle n'y touche pas.
Plus, en la regardant, je la voyais tranquille,
Plus je sentais en moi s'échauffer une bile ;
Et ces bouillants transports dont s'enflammait mon
  cœur
Y semblaient redoubler mon amoureuse ardeur.
J'étais aigri, fâché, désespéré contre elle ;
Et cependant jamais je ne la vis si belle,
Jamais ses yeux aux miens n'ont paru si perçants,
Jamais je n'eus pour eux des désirs si pressants ;
Et je sens là-dedans qu'il faudra que je crève,
Si de mon triste sort la disgrace s'achève.
Quoi ! j'aurai dirigé son éducation
Avec tant de tendresse et de précaution,
Je l'aurai fait passer chez moi dès son enfance,
Et j'en aurai chéri la plus tendre espérance,

Mon cœur aura bâti sur ses attraits naissants,
Et cru la mitonner pour moi durant treize ans,
Afin qu'un jeune fou dont elle s'amourache
Me la vienne enlever jusque sur la moustache,
Lorsqu'elle est avec moi mariée à demi !
Non, parbleu ! non, parbleu ! Petit sot, mon ami,
Vous aurez beau tourner, ou j'y perdrai mes peines,
Ou je rendrai, ma foi ! vos espérances vaines,
Et de moi tout-à-fait vous ne vous rirez point.

SCÈNE II.

UN NOTAIRE, ARNOLPHE.

LE NOTAIRE.

Ah ! le voilà ! Bon jour. Me voici tout à point
Pour dresser le contrat que vous souhaitez faire.

ARNOLPHE, *se croyant seul, et sans voir ni entendre le notaire.*

Comment faire ?

LE NOTAIRE.

Il le faut dans la forme ordinaire.

ARNOLPHE, *se croyant seul.*

A mes précautions je veux songer de près.

LE NOTAIRE.

Je ne passerai rien contre vos intérêts.

ARNOLPHE, *se croyant seul.*

Il se faut garantir de toutes les surprises.

LE NOTAIRE.

Suffit qu'entre mes mains vos affaires soient mises,
Il ne vous faudra point, de peur d'être déçu,

ACTE IV, SCÈNE II.

Quittancer le contrat que vous n'ayez reçu.
    ARNOLPHE, *se croyant seul.*
J'ai peur, si je vais faire éclater quelque chose,
Que de cet incident par la ville on ne cause.
    LE NOTAIRE.
Hé bien ! il est aisé d'empêcher cet éclat,
Et l'on peut en secret faire votre contrat.
    ARNOLPHE, *se croyant seul.*
Mais comment faudra-t-il qu'avec elle j'en sorte ?
    LE NOTAIRE.
Le douaire se règle au bien qu'on vous apporte.
    ARNOLPHE, *se croyant seul.*
Je l'aime, et cet amour est mon grand embarras.
    LE NOTAIRE.
On peut avantager une femme en ce cas.
    ARNOLPHE, *se croyant seul.*
Quel traitement lui faire en pareille aventure ?
    LE NOTAIRE.
L'ordre est que le futur doit douer la future
Du tiers de dot qu'elle a ; mais cet ordre n'est rien,
Et l'on va plus avant lorsque l'on le veut bien.
    ARNOLPHE, *se croyant seul.*
Si...
   (*Il aperçoit le notaire.*)
    LE NOTAIRE.
 Pour le préciput, il les regarde ensemble.
Je dis que le futur peut, comme bon lui semble,
Douer la future.
    ARNOLPHE.
Hé !

LE NOTAIRE.
Il peut l'avantager
Lorsqu'il l'aime beaucoup et qu'il veut l'obliger ;
Et cela par douaire, ou préfixe qu'on appelle,
Qui demeure perdu par le trépas d'icelle ;
Ou sans retour, qui va de ladite à ses hoirs ;
Ou coutumier, selon les différents vouloirs ;
Ou par donation dans le contrat formelle,
Qu'on fait ou pure ou simple, ou qu'on fait mutuelle.
Pourquoi hausser le dos ? Est-ce qu'on parle en fat,
Et que l'on ne sait pas les formes d'un contrat ?
Qui me les apprendra ? personne, je présume.
Sais-je pas qu'étant joints on est par la coutume
Communs en meubles, biens, immeubles et conquêts,
A moins que par un acte on n'y renonce exprès ?
Sais-je pas que le tiers du bien de la future
Entre en communauté pour...

ARNOLPHE.
Oui, c'est chose sûre,
Vous savez tout cela : mais qui vous en dit mot ?

LE NOTAIRE.
Vous, qui me prétendez faire passer pour sot,
En me haussant l'épaule et faisant la grimace.

ARNOLPHE.
La peste soit de l'homme ; et sa chienne de face !
Adieu. C'est le moyen de vous faire finir.

LE NOTAIRE.
Pour dresser un contrat m'a-t-on pas fait venir ?

ARNOLPHE.
Oui, je vous ai mandé : mais la chose est remise,

ACTE IV, SCÈNE IV.

Et l'on vous mandera quand l'heure sera prise.
Voyez quel diable d'homme avec son entretien !

LE NOTAIRE, *seul.*

Je pense qu'il en tient ; et je crois penser bien

SCÈNE III.

LE NOTAIRE, ALAIN, GEORGETTE.

LE NOTAIRE, *allant au-devant d'Alain et de Georgette.*

M'êtes-vous pas venu quérir pour votre maître ?

ALAIN.

Oui.

LE NOTAIRE.

J'ignore pour qui ; vous le pouvez connaître.
Mais allez de ma part lui dire de ce pas
Que c'est un fou fieffé.

GEORGETTE.

Nous n'y manquerons pas.

SCÈNE IV.

ARNOLPHE, ALAIN, GEORGETTE.

ALAIN.

Monsieur...

ARNOLPHE.

Approchez-vous ; vous êtes mes fidèles,
Mes bons, mes vrais amis, et j'en sais des nouvelles.

ALAIN.

Le notaire...

ARNOLPHE.
Laissons, c'est pour quelque autre jour.
On veut à mon honneur jouer d'un mauvais tour ;
Et quel affront pour vous, mes enfants, pourrait-ce être,
Si l'on avait ôté l'honneur à votre maître !
Vous n'oseriez après paraître en nul endroit ;
Et chacun, vous voyant, vous montrerait au doigt.
Donc, puisqu'autant que moi l'affaire vous regarde,
Il faut de votre part faire une telle garde
Que ce galant ne puisse en aucune façon...

GEORGETTE.
Vous nous avez tantôt montré notre leçon.

ARNOLPHE.
Mais à ses beaux discours gardez bien de vous rendre.

ALAIN.
Oh vraiment !

GEORGETTE.
Nous savons comme il faut s'en défendre.

ARNOLPHE.
S'il venait doucement : Alain, mon pauvre cœur,
Par un peu de secours soulage ma langueur...

ALAIN.
Vous êtes un sot.

ARNOLPHE.
(à Georgette.)
Bon. Georgette, ma mignonne,
Tu me parais si douce et si bonne personne...

GEORGETTE.
Vous êtes un nigaud.

ACTE IV, SCÈNE IV.
ARNOLPHE.
(à Alain.)
Bon. Quel mal trouves-tu
Dans un dessein honnête et tout plein de vertu ?
ALAIN.
Vous êtes un frippon.
ARNOLPHE.
(à Georgette.)
Fort bien. Ma mort est sûre,
Si tu ne prends pitié des peines que j'endure.
GEORGETTE.
Vous êtes un benêt, un impudent.
ARNOLPHE.
Fort bien.

(à Alain.)
Je ne suis pas un homme à vouloir rien pour rien ;
Je sais, quand on me sert, en garder la mémoire :
Cependant par avance, Alain, voilà pour boire ;
Et voilà pour t'avoir, Georgette, un cotillon.
(Ils tendent tous deux la main, et prennent l'argent.)
Ce n'est de mes bienfaits qu'un simple échantillon.
Toute la courtoisie enfin dont je vous presse,
C'est que je puisse voir votre belle maîtresse.
GEORGETTE, *le poussant.*
A d'autres.
ARNOLPHE.
Bon cela.
ALAIN, *le poussant*
Hors d'ici.

ARNOLPHE.
Bon.
GEORGETTE, *le poussant.*
Mais tôt.
ARNOLPHE.
Bon. Holà ; c'est assez.
GEORGETTE.
Fais-je pas comme il faut ?
ALAIN.
Est-ce de la façon que vous voulez l'entendre ?
ARNOLPHE.
Oui, fort bien, hors l'argent qu'il ne fallait pas prendre.
GEORGETTE.
Nous ne nous sommes pas souvenus de ce point.
ALAIN.
Voulez-vous qu'à l'instant nous recommencions ?
ARNOLPHE.
Point ; Suffit. Rentrez tous deux.
ALAIN.
Vous n'avez rien qu'à dire.
ARNOLPHE.
Non, vous dis-je ; rentrez, puisque je le désire.
Je vous laisse l'argent. Allez. Je vous rejoins.
Ayez bien l'œil à tout, et secondez mes soins.

SCÈNE V.
ARNOLPHE, *seul.*
Je veux pour espion qui soit d'exacte vue

Prendre le savetier du coin de notre rue.
Dans la maison toujours je prétends la tenir,
Y faire bonne garde, et surtout en bannir
Vendeuses de rubans, perruquières, coeffeuses,
Faiseuses de mouchoirs, gantières, revendeuses,
Tous ces gens qui sous main travaillent chaque jour
A faire réussir les mystères d'amour.
Enfin j'ai vu le monde, et j'en sais les finesses.
Il faudra que mon homme ait de grandes adresses,
Si message ou poulet de sa part peut entrer.

SCÈNE VI.
HORACE, ARNOLPHE.
HORACE.

La place m'est heureuse à vous y rencontrer.
Je viens de l'échapper bien belle, je vous jure.
Au sortir d'avec vous, sans prévoir l'aventure,
Seule dans ce balcon j'ai vu paraître Agnès,
Qui des arbres prochains prenait un peu le frais.
Après m'avoir fait signe, elle a su faire en sorte,
Descendant au jardin, de m'en ouvrir la porte :
Mais à peine tous deux dans sa chambre étions-nous,
Qu'elle a sur les degrés entendu son jaloux ;
Et tout ce qu'elle a pu dans un tel accessoire,
C'est de me renfermer dans une grande armoire.
Il est entré d'abord : je ne le voyais pas,
Mais je l'oyais marcher, sans rien dire, à grands pas ;
Poussant de temps en temps des soupirs pitoyables,

Et donnant quelquefois de grands coups sur les tables,
Frappant un petit chien qui pour lui s'émouvait,
Et jetant brusquement les hardes qu'il trouvait.
Il a même cassé, d'une main mutinée,
Des vases dont la belle ornait sa cheminée ;
Et sans doute il faut bien qu'à ce becque-cornu
Du trait qu'elle a joué quelque jour soit venu.
Enfin, après vingt tours, ayant de la manière
Sur ce qui n'en peut mais déchargé sa colère,
Mon jaloux inquiet, sans dire son ennui,
Est sorti de la chambre, et moi de mon étui.
Nous n'avons point voulu, de peur du personnage,
Risquer à nous tenir ensemble davantage ;
C'était trop hasarder : mais je dois cette nuit
Dans sa chambre un peu tard m'introduire sans bruit.
En toussant par trois fois je me ferai connaître ;
Et je dois au signal voir ouvrir la fenêtre,
Dont, avec une échelle, et secondé d'Agnès,
Mon amour tâchera de me gagner l'accès.
Comme à mon seul ami, je veux bien vous l'apprendre.
L'alégresse du cœur s'augmente à la répandre ;
Et, goûtât-on cent fois un bonheur tout parfait,
On n'en est pas content, si quelqu'un ne le sait.
Vous prendrez part, je pense, à l'heur de mes affaires.
Adieu. Je vais songer aux choses nécessaires.

SCÈNE VII.

ARNOLPHE, seul.

Quoi! l'astre qui s'obstine à me désespérer
Ne me donnera pas le temps de respirer!
Coup sur coup je verrai, par leur intelligence,
De mes soins vigilants confondre la prudence?
Et je serai la dupe, en ma maturité,
D'une jeune innocente et d'un jeune éventé!
En sage philosophe on m'a vu, vingt années,
Contempler des maris les tristes destinées,
Et m'instruire avec soin de tous les accidents
Qui font dans le malheur tomber les plus prudents;
Des disgraces d'autrui profitant dans mon ame,
J'ai cherché les moyens, voulant prendre une femme,
De pouvoir garantir mon front de tous affronts,
Et le tirer du pair d'avec les autres fronts;
Pour ce noble dessein, j'ai cru mettre en pratique
Tout ce que peut trouver l'humaine politique:
Et, comme si du sort il était arrêté
Que nul homme ici-bas n'en serait exempté,
Après l'expérience et toutes les lumières
Que j'ai pu m'acquérir sur de telles matières,
Après vingt ans et plus de méditation
Pour me conduire en tout avec précaution,
De tant d'autres maris j'aurais quitté la trace
Pour me trouver après dans la même disgrace!
Ah! bourreau de destin, vous en aurez menti.
De l'objet qu'on poursuit je suis encor nanti;

Si son cœur m'est volé par ce blondin funeste,
J'empêcherai du moins qu'on s'empare du reste ;
Et cette nuit qu'on prend pour ce galant exploit
Ne se passera pas si doucement qu'on croit.
Ce m'est quelque plaisir, parmi tant de tristesse,
Que l'on me donne avis du piége qu'on me dresse,
Et que cet étourdi, qui veut m'être fatal,
Fasse son confident de son propre rival.

SCÈNE VIII.
CHRYSALDE, ARNOLPHE.

CHRYSALDE.
Hé bien ! souperons-nous avant la promenade ?
ARNOLPHE.
Non. Je jeûne ce soir.
CHRYSALDE.
D'où vient cette boutade ?
ARNOLPHE.
De grâce, excusez-moi, j'ai quelque autre embarras.
CHRYSALDE.
Votre hymen résolu ne se fera-t-il pas ?
ARNOLPHE.
C'est trop s'inquiéter des affaires des autres.
CHRYSALDE.
Oh ! oh ! si brusquement ! quels chagrins sont les vôtres ?
Serait-il point, compère, à votre passion
Arrivé quelque peu de tribulation ?
Je le jurerais presque, à voir votre visage.

ACTE IV, SCÈNE VIII.

ARNOLPHE.

Quoi qu'il m'arrive, au moins aurai-je l'avantage
De ne pas ressembler à de certaines gens
Qui souffrent doucement l'approche des galants.

CHRYSALDE.

C'est un étrange fait, qu'avec tant de lumières
Vous vous effarouchiez toujours sur ces matières,
Qu'en cela vous mettiez le souverain bonheur,
Et ne conceviez point au monde d'autre honneur!
Etre avare, brutal, fourbe, méchant et lâche,
N'est rien, à votre avis, auprès de cette tache,
Et, de quelque façon qu'on puisse avoir vécu,
On est homme d'honneur quand on n'est point cocu.
A le bien prendre au fond, pourquoi voulez-vous croire
Que de ce cas fortuit dépende notre gloire,
Et qu'une ame bien née ait à se reprocher
L'injustice d'un mal qu'on ne peut empêcher?
Pourquoi voulez-vous, dis-je, en prenant une femme,
Qu'on soit digne, à son choix, de louange ou de blâme,
Et qu'on s'aille former un monstre plein d'effroi
De l'affront que nous fait son manquement de foi?
Mettez-vous dans l'esprit qu'on peut du cocuage
Se faire en galant homme une plus douce image;
Que, des coups du hasard aucun n'étant garant,
Cet accident de soi doit être indifférent,
Et qu'enfin tout le mal, quoique le monde glose,
N'est que dans la façon de recevoir la chose;
Et, pour se bien conduire en ses difficultés,

Il y faut, comme en tout, fuir les extrémités,
N'imiter pas ces gens un peu trop débonnaires
Qui tirent vanité de ces sortes d'affaires,
De leurs femmes toujours vont citant les galants,
En font partout l'éloge, et prônent leurs talents,
Témoignent avec eux d'étroites sympathies,
Sont de tous leurs cadeaux, de toutes leurs parties,
Et font qu'avec raison les gens sont étonnés
De voir leur hardiesse à montrer là leur nez.
Ce procédé sans doute est tout-à-fait blâmable :
Mais l'autre extrémité n'est pas moins condamnable.
Si je n'approuve pas ces amis des galants,
Je ne suis pas aussi pour ces gens turbulents
Dont l'imprudent chagrin, qui tempête et qui gronde,
Attire au bruit qu'il fait les yeux de tout le monde,
Et qui, par cet éclat, semblent ne pas vouloir
Qu'aucun puisse ignorer ce qu'ils peuvent avoir.
Entre ces deux partis il en est un honnête,
Où, dans l'occasion, l'homme prudent s'arrête ;
Et, quand on le sait prendre, on n'a point à rougir
Du pis dont une femme avec nous puisse agir.
Quoi qu'on en puisse dire, enfin, le cocuage
Sous des traits moins affreux aisément s'envisage ;
Et, comme je vous dis, toute l'habileté
Ne va qu'à le savoir tourner du bon côté.
            ARNOLPHE.
Après ce beau discours, toute la confrairie
Doit un remerciement à votre seigneurie ;

Et quiconque voudra vous entendre parler
Montrera de la joie à s'y voir enrôler.
CHRYSALDE.
Je ne dis pas cela; car c'est ce que je blâme :
Mais, comme c'est le sort qui nous donne une
    femme,
Je dis que l'on doit faire ainsi qu'au jeu de dés,
Où, s'il ne vous vient pas ce que vous demandez,
Il faut jouer d'adresse, et d'une ame réduite
Corriger le hasard par la bonne conduite.
ARNOLPHE.
C'est-à-dire, dormir et manger toujours bien,
Et se persuader que tout cela n'est rien.
CHRYSALDE.
Vous pensez vous moquer ; mais, à ne vous rien
    feindre,
Dans le monde je vois cent choses plus à craindre,
Et dont je me ferais un bien plus grand malheur
Que de cet accident qui vous fait tant de peur.
Pensez-vous qu'à choisir de deux choses prescrites,
Je n'aimasse pas mieux être ce que vous dites,
Que de me voir mari de ces femmes de bien
Dont la mauvaise humeur fait un procès sur rien,
Ces dragons de vertu, ces honnêtes diablesses,
Se retranchant toujours sur leurs sages prouesses,
Qui, pour un petit tort qu'elles ne nous font pas,
Prennent droit de traiter les gens du haut en bas,
Et veulent, sur le pied de nous être fidèles,
Que nous soyons tenus à tout endurer d'elles?
Encore un coup, compère, apprenez qu'en effet

Le cocuage n'est que ce que l'on le fait;
Qu'on peut le souhaiter pour de certaines causes,
Et qu'il a ses plaisirs comme les autres choses.

ARNOLPHE.
Si vous êtes d'humeur à vous en contenter,
Quant à moi, ce n'est pas la mienne d'en tâter;
Et plutôt que subir une telle aventure...

CHRYSALDE.
Mon dieu! ne jurez point de peur d'être parjure.
Si le sort l'a réglé, vos soins sont superflus,
Et l'on ne prendra pas votre avis là-dessus.

ARNOLPHE.
Moi, je serais cocu?

CHRYSALDE.
Vous voilà bien malade!
Mille gens le sont bien; sans vous faire bravade,
Qui de mine, de cœur, de biens et de maison,
Ne feraient avec vous nulle comparaison.

ARNOLPHE.
Et moi, je n'en voudrais avec eux faire aucune.
Mais cette raillerie, en un mot, m'importune;
Brisons là, s'il vous plaît.

CHRYSALDE.
Vous êtes en courroux!
Nous en saurons la cause. Adieu. Souvenez-vous,
Quoi que sur ce sujet votre honneur vous inspire,
Que c'est être à demi ce que l'on vient de dire,
Que de vouloir jurer qu'on ne le sera pas.

ARNOLPHE.
Moi, je le jure encore, et je vais de ce pas

Contre cet accident trouver un bon remède.
(*Il court heurter à sa porte.*)

SCÈNE IX.

ARNOLPHE, ALAIN, GEORGETTE.

ARNOLPHE.

Mes amis, c'est ici que j'implore votre aide.
Je suis édifié de votre affection :
Mais il faut qu'elle éclate en cette occasion ;
Et, si vous m'y servez selon ma confiance,
Vous êtes assurés de votre récompense.
L'homme que vous savez, n'en faites point de bruit,
Veut, comme je l'ai su, m'attraper cette nuit,
Dans la chambre d'Agnès entrer par escalade ;
Mais il lui faut, nous trois, dresser une embuscade.
Je veux que vous preniez chacun un bon bâton,
Et, quand il sera près du dernier échelon,
Car dans le temps qu'il faut j'ouvrirai la fenêtre,
Que tous deux à l'envi vous me chargiez ce traître,
Mais d'un air dont son dos garde le souvenir,
Et qui lui puisse apprendre à n'y plus revenir ;
Sans me nommer pourtant en aucune manière,
Ni faire aucun semblant que je serai derrière.
Auriez-vous bien l'esprit de servir mon courroux ?

ALAIN.

S'il ne tient qu'à frapper, mon dieu ! tout est à nous :
Vous verrez, quand je bats, si j'y vais de main morte.

GEORGETTE.

La mienne, quoiqu'aux yeux elle semble moins forte,

N'en quitte pas sa part à le bien étriller.
ARNOLPHE.
Rentrez donc; et sur-tout gardez de babiller.
(seul.)
Voilà pour le prochain une leçon utile;
Et, si tous les maris qui sont en cette ville
De leurs femmes ainsi recevaient le galant,
Le nombre des cocus ne serait pas si grand.

FIN DU QUATRIÈME ACTE.

ACTE CINQUIÈME.

SCÈNE I.

ARNOLPHE, ALAIN, GEORGETTE.

ARNOLPHE.

Traîtres, qu'avez-vous fait par cette violence ?
ALAIN.
Nous vous avons rendu, monsieur, obéissance.
ARNOLPHE.
De cette excuse en vain vous voulez vous armer,
L'ordre était de le battre, et non de l'assommer ;
Et c'était sur le dos, et non pas sur la tête,
Que j'avais commandé qu'on fît choir la tempête.
Ciel ! dans quel accident me jette ici le sort !
Et que puis-je résoudre à voir cet homme mort ?
Rentrez dans la maison, et gardez de rien dire
De cet ordre innocent que j'ai pu vous prescrire.
(seul.)
Le jour s'en va paraître, et je vais consulter
Comment dans ce malheur je me dois comporter.
Hélas ! que deviendrai-je ? et que dira le père,
Lorsqu'inopinément il saura cette affaire ?

SCÈNE II.

HORACE, ARNOLPHE.

HORACE, *à part.*

Il faut que j'aille un peu reconnaître qui c'est.

ARNOLPHE, *se croyant seul.*
Eût-on jamais prévu...?
(*heurté par Horace, qu'il ne reconnaît pas.*)
Qui va là, s'il vous plaît?
HORACE.
C'est vous, seigneur Arnolphe?
ARNOLPHE.
Oui. Mais vous...?
HORACE.
C'est Horace.
Je m'en allais chez vous vous prier d'une grace.
Vous sortez bien matin!
ARNOLPHE, *bas, à part.*
Quelle confusion!
Est-ce un enchantement? est-ce une illusion?
HORACE.
J'étais, à dire vrai, dans une grande peine;
Et je bénis du ciel la bonté souveraine
Qui fait qu'à point nommé je vous rencontre ainsi.
Je viens vous avertir que tout a réussi,
Et même beaucoup plus que je n'eusse osé dire,
Et par un incident qui devait tout détruire.
Je ne sais point par où l'on a pu soupçonner
Cette assignation qu'on m'avait su donner :
Mais, étant sur le point d'atteindre à la fenêtre,
J'ai, contre mon espoir, vu quelques gens paraître,
Qui, sur moi brusquement levant chacun le bras,
M'ont fait manquer le pied et tomber jusqu'en bas ;
Et ma chute, aux dépens de quelque meurtrissure,
De vingt coups de bâton m'a sauvé l'aventure.

ACTE V, SCÈNE II.

Ces gens-là, dont était, je pense, mon jaloux,
Ont imputé ma chute à l'effort de leurs coups;
Et, comme la douleur, un assez long espace,
M'a fait sans remuer demeurer sur la place,
Ils ont cru tout de bon qu'ils m'avaient assommé,
Et chacun d'eux s'en est aussitôt alarmé.
J'entendais tout le bruit dans le profond silence :
L'un l'autre ils s'accusaient de cette violence;
Et, sans lumière aucune, en querellant le sort,
Sont venus doucement tâter si j'étais mort.
Je vous laisse à penser si, dans la nuit obscure,
J'ai d'un vrai trépassé su tenir la figure.
Ils se sont retirés avec beaucoup d'effroi;
Et, comme je songeais à me retirer, moi,
De cette feinte mort la jeune Agnès émue
Avec empressement est devers moi venue :
Car les discours qu'entre eux ces gens avaient tenus
Jusques à son oreille étaient d'abord venus,
Et pendant tout ce trouble étant moins observée,
Du logis aisément elle s'était sauvée;
Mais, me trouvant sans mal, elle a fait éclater
Un transport difficile à bien représenter.
Que vous dirai-je? enfin cette aimable personne
A suivi les conseils que son amour lui donne,
N'a plus voulu songer à retourner chez soi,
Et de tout son destin s'est commise à ma foi.
Considérez un peu, par ce trait d'innocence,
Où l'expose d'un fou la haute impertinence,
Et quels fâcheux périls elle pourrait courir,
Si j'étais maintenant homme à la moins chérir.

Mais d'un trop pur amour mon ame est embrasée;
J'aimerais mieux mourir que la voir abusée :
Je lui vois des appas dignes d'un autre sort,
Et rien ne m'en saurait séparer que la mort.
Je prévois là-dessus l'emportement d'un père ;
Mais nous prendrons le temps d'appaiser sa colère.
A des charmes si doux je me laisse emporter,
Et dans la vie enfin il se faut contenter.
Ce que je veux de vous sous un secret fidèle,
C'est que je puisse mettre en vos mains cette belle ;
Que dans votre maison, en faveur de mes feux,
Vous lui donniez retraite au moins un jour ou deux.
Outre qu'aux yeux du monde il faut cacher sa fuite,
Et qu'on en pourrait faire une exacte poursuite,
Vous savez qu'une fille aussi de sa façon
Donne avec un jeune homme un étrange soupçon ;
Et comme c'est à vous, sûr de votre prudence,
Que j'ai fait de mes feux entière confidence,
C'est à vous seul aussi, comme ami généreux,
Que je puis confier ce dépôt amoureux.

ARNOLPHE.

Je suis, n'en doutez point, tout à votre service.

HORACE.

Vous voulez bien me rendre un si charmant office ?

ARNOLPHE.

Très volontiers, vous dis-je ; et je me sens ravir
De cette occasion que j'ai de vous servir.
Je rends grâces au ciel de ce qu'il me l'envoie,
Et n'ai jamais rien fait avec si grande joie.

ACTE V, SCÈNE III.

HORACE.

Que je suis redevable à toutes vos bontés!
J'avais de votre part craint des difficultés :
Mais vous êtes du monde; et, dans votre sagesse,
Vous savez excuser le feu de la jeunesse.
Un de mes gens la garde au coin de ce détour.

ARNOLPHE.

Mais comment ferons nous? car il fait un peu jour.
Si je la prends ici, l'on me verra peut-être;
Et s'il faut que chez moi vous veniez à paraître,
Des valets causeront. Pour jouer au plus sûr,
Il faut me l'amener dans un lieu plus obscur.
Mon allée est commode, et je l'y vais attendre.

HORACE.

Ce sont précautions qu'il est fort bon de prendre.
Pour moi, je ne ferai que vous la mettre en main,
Et chez moi, sans éclat, je retourne soudain.

ARNOLPHE, *seul.*

Ah! fortune, ce trait d'aventure propice
Répare tous les maux que m'a faits ton caprice.

(*Il s'enveloppe le nez de son manteau.*)

SCÈNE III.

AGNÈS, HORACE, ARNOLPHE.

HORACE, *à Agnès.*

Ne soyez point en peine où je vais vous mener;
C'est un logement sûr que je vous fais donner.
Vous loger avec moi, ce serait tout détruire :

Entrez dans cette porte, et laissez-vous conduire.
(Arnolphe lui prend la main sans qu'elle le connaisse.)

AGNÈS, *à Horace.*
Pourquoi me quittez-vous ?

HORACE.
Chère Agnès, il le faut.

AGNÈS.
Songez donc, je vous prie, à revenir bientôt.

HORACE.
J'en suis assez pressé par ma flamme amoureuse.

AGNÈS.
Quand je ne vous vois point, je ne suis point joyeuse.

HORACE.
Hors de votre présence, on me voit triste aussi.

AGNÈS.
Hélas! s'il était vrai, vous resteriez ici.

HORACE.
Quoi! vous pourriez douter de mon amour extrême!

AGNÈS.
Non, vous ne m'aimez pas autant que je vous aime.
(Arnolphe la tire.)
Ah! l'on me tire trop.

HORACE.
C'est qu'il est dangereux,
Chère Agnès, qu'en ce lieu nous soyons vus tous deux;
Et ce parfait ami de qui la main vous presse
Suit le zèle prudent qui pour nous l'intéresse.

AGNÈS.
Mais suivre un inconnu que...

ACTE V, SCÈNE IV.

HORACE.

N'appréhendez rien :
Entre de telles mains vous ne serez que bien.

AGNÈS.

Je me trouverais mieux entre celles d'Horace,
Et j'aurais...
   (*à Arnolphe qui la tire encore.*)
Attendez.

HORACE.

Adieu, le jour me chasse.

AGNÈS.

Quand vous verrai-je donc ?

HORACE.

Bientôt assurément.

AGNÈS.

Que je vais m'ennuyer jusques à ce moment !

HORACE, *en s'en allant.*

Grâce au ciel, mon bonheur n'est plus en concurrence,
Et je puis maintenant dormir en assurance.

SCÈNE IV.
ARNOLPHE, AGNÈS.

ARNOLPHE, *caché dans son manteau et déguisant sa voix.*

Venez, ce n'est pas là que je vous logerai,
Et votre gîte ailleurs est par moi préparé.
Je prétends en lieu sûr mettre votre personne.
   (*se faisant connaître.*)
Me connaissez-vous ?

L'ÉCOLE DES FEMMES.

AGNÈS,

Haï!

ARNOLPHE.

Mon visage, fripponne,
Dans cette occasion rend vos sens effrayés,
Et c'est à contre-cœur qu'ici vous me voyez ;
Je trouble en ses projets l'amour qui vous possède ;
(*Agnès regarde si elle ne verra point Horace.*)
N'appelez point des yeux le galant à votre aide ;
Il est trop éloigné pour vous donner secours.
Ah! ah! si jeune encor, vous jouez de ces tours!
Votre simplicité, qui semble sans pareille,
Demande si l'on fait les enfants par l'oreille ;
Et vous savez donner des rendez-vous la nuit,
Et pour suivre un galant vous évader sans bruit!
Tu dieu! comme avec lui votre langue cajole!
Il faut qu'on vous ait mise à quelque bonne école!
Qui diantre tout d'un coup vous en a tant appris?
Vous ne craignez donc plus de trouver des esprits?
Et ce galant, la nuit, vous a donc enhardie?
Ah! coquine, en venir à cette perfidie!
Malgré tous mes bienfaits former un tel dessein!
Petit serpent que j'ai réchauffé dans mon sein,
Et qui, dès qu'il se sent, par une humeur ingrate,
Cherche à faire du mal à celui qui le flatte!

AGNÈS.

Pourquoi me criez-vous?

ARNOLPHE.

J'ai grand tort en effet!

ACTE V, SCÈNE IV.

AGNÈS.
Je n'entends point de mal dans tout ce que j'ai fait.

ARNOLPHE.
Suivre un galant n'est pas une action infâme ?

AGNÈS.
C'est un homme qui dit qu'il me veut pour sa femme :
J'ai suivi vos leçons, et vous m'avez prêché
Qu'il se faut marier pour ôter le péché.

ARNOLPHE.
Oui. Mais pour femme, moi, je prétendais vous prendre ;
Et je vous l'avais fait, me semble, assez entendre.

AGNÈS.
Oui. Mais, à vous parler franchement entre nous,
Il est plus pour cela selon mon goût que vous.
Chez vous le mariage est fâcheux et pénible ;
Et vos discours en font une image terrible ;
Mais, las ! il le fait, lui, si rempli de plaisirs,
Que de se marier il donne des désirs.

ARNOLPHE.
Ah ! c'est que vous l'aimez, traîtresse !

AGNÈS.
Oui, je l'aime.

ARNOLPHE.
Et vous avez le front de le dire à moi-même !

AGNÈS.
Et pourquoi, s'il est vrai, ne le dirais-je pas ?

ARNOLPHE.
Le deviez-vous aimer, impertinente ?

AGNÈS.

Hélas !
Est-ce que j'en puis mais ? Lui seul en est la cause ;
Et je n'y songeais pas lorsque se fit la chose.

ARNOLPHE.
Mais il fallait chasser cet amoureux désir.

AGNÈS.
Le moyen de chasser ce qui fait du plaisir ?

ARNOLPHE.
Et ne savez-vous pas que c'était me déplaire ?

AGNÈS.
Moi ? point du tout. Quel mal cela vous peut-il faire ?

ARNOLPHE.
Il est vrai, j'ai sujet d'en être réjoui !
Vous ne m'aimez donc pas, à ce compte ?

AGNÈS.

Vous ?

ARNOLPHE.

Oui.

AGNÈS.
Hélas ! non.

ARNOLPHE.
Comment, non !

AGNÈS.

Voulez-vous que je mente ?

ARNOLPHE.
Pourquoi ne m'aimer pas, madame l'impudente ?

AGNÈS.
Mon dieu ! ce n'est pas moi que vous devez blâmer :
Que ne vous êtes-vous, comme lui, fait aimer ?

ACTE V, SCÈNE IV.

Je ne vous en ai pas empêché, que je pense.

ARNOLPHE.

Je m'y suis efforcé de toute ma puissance ;
Mais les soins que j'ai pris, je les ai perdus tous.

AGNÈS.

Vraiment il en sait donc là-dessus plus que vous ;
Car à se faire aimer il n'a point eu de peine.

ARNOLPHE, *à part.*

Voyez comme raisonne et répond la vilaine !
Peste ! une précieuse en dirait-elle plus ?
Ah ! je l'ai mal connue ; ou, ma foi là dessus
Une sotte en sait plus que le plus habile homme.
  (*à Agnès.*)
Puisqu'en raisonnements votre esprit se consomme,
La belle raisonneuse, est-ce qu'un si longtemps
Je vous aurai pour lui nourrie à mes dépens ?

AGNÈS.

Non. Il vous rendra tout jusques au dernier double.

ARNOLPHE, *bas, à part.*

Elle a de certains mots où mon dépit redouble.
  (*haut.*)
Me rendra-t-il, coquine, avec tout son pouvoir,
Les obligations que vous pouvez m'avoir ?

AGNÈS.

Je ne vous en ai pas de si grandes qu'on pense.

ARNOLPHE.

N'est-ce rien que les soins d'élever votre enfance ?

AGNÈS.

Vous avez là-dedans bien opéré vraiment,
Et m'avez fait en tout instruire joliment ?

Croit-on que je me flatte, et qu'enfin dans ma tête
Je ne juge pas bien que je suis une bête ?
Moi-même j'en ai honte ; et, dans l'âge où je suis,
Je ne veux plus passer pour sotte, si je puis.
ARNOLPHE.
Vous fuyez l'ignorance, et voulez, quoi qu'il coûte,
Apprendre du blondin quelque chose ?
AGNÈS.
Sans doute.
C'est de lui que je sais ce que je peux savoir ;
Et beaucoup plus qu'à vous je pense lui devoir.
ARNOLPHE.
Je ne sais qui me tient qu'avec une gourmade
Ma main de ce discours ne venge la bravade.
J'enrage quand je vois sa piquante froideur ;
Et quelques coups de poing satisferaient mon cœur.
AGNÈS.
Hélas ! vous le pouvez, si cela vous peut plaire.
ARNOLPHE, *à part.*
Ce mot, et ce regard désarme ma colère,
Et produit un retour de tendresse de cœur
Qui de son action efface la noirceur.
Chose étrange d'aimer, et que pour ces traîtresses
Les hommes soient sujets à de telles faiblesses !
Tout le monde connaît leur imperfection ;
Ce n'est qu'extravagance et qu'indiscrétion ;
Leur esprit est méchant, et leur ame fragile ;
Il n'est rien de plus faible et de plus imbécille,
Rien de plus infidèle : et malgré tout cela
Dans le monde on fait tout pour ces animaux-là.

ACTE V, SCÈNE IV.

(à Agnès.)
Hé bien! faisons la paix. Va, petite traîtresse,
Je te pardonne tout et te rends ma tendresse;
Considère par-là l'amour que j'ai pour toi,
Et, me voyant si bon, en revanche aime-moi.

AGNÈS.
Du meilleur de mon cœur je voudrais vous complaire :
Que me coûterait-il, si je le pouvais faire?

ARNOLPHE.
Mon pauvre petit cœur, tu le peux, si tu veux.
Ecoute seulement ce soupir amoureux,
Vois ce regard mourant, contemple ma personne,
Et quitte ce morveux et l'amour qu'il te donne.
C'est quelque sort qu'il faut qu'il ait jeté sur toi,
Et tu seras cent fois plus heureuse avec moi.
Ta forte passion est d'être brave et leste,
Tu le seras toujours, va je te le proteste;
Sans cesse, nuit et jour, je te caresserai,
Je te bouchonnerai, baiserai, mangerai;
Tout comme tu voudras, tu pourras te conduire :
Je ne m'explique point, et cela, c'est tout dire.
(bas, à part.)
Jusqu'où la passion peut-elle faire aller!
(haut)
Enfin à mon amour rien ne peut s'égaler :
Quelle preuve veux-tu que je t'en donne, ingrate?
Me veux-tu voir pleurer? Veux-tu que je me batte?
Veux-tu que je m'arrache un côté de cheveux?
Veux-tu que je me tue? Oui, dis si tu le veux,

Je suis tout prêt, cruelle, à te prouver ma flamme.
AGNÈS.
Tenez, tous vos discours ne me touchent point
　l'ame :
Horace avec deux mots en ferait plus que vous.
ARNOLPHE.
Ah ! c'est trop me braver, trop pousser mon cour‑
　roux.
Je suivrai mon dessein, bête trop indocile,
Et vous dénicherez à l'instant de la ville.
Vous rebutez mes vœux et me mettez à bout ;
Mais un cul de couvent me vengera de tout.

SCÈNE V.
ARNOLPHE, AGNÈS, ALAIN.
ALAIN.
Je ne sais ce que c'est, monsieur ; mais il me semble
Qu'Agnès et le corps mort s'en sont allés ensemble.
ARNOLPHE.
La voici. Dans ma chambre allez me la nicher.
　　　(à part.)
Ce ne sera pas là qu'il la viendra chercher ;
Et puis, c'est seulement pour une demi-heure.
Je vais, pour lui donner une sûre demeure,
　　　　(à Alain.)
Trouver une voiture. Enfermez-vous des mieux,
Et sur-tout gardez-vous de la quitter des yeux.
　　(seul.)
Peut-être que son ame, étant dépaysée,
Pourra de cet amour être désabusée.

SCÈNE VI.
HORACE, ARNOLPHE.
HORACE.
Ah ! je viens vous trouver, accablé de douleur.
Le ciel, seigneur Arnolphe, a conclu mon malheur
Et, par un trait fatal d'une injustice extrême,
On me veut arracher de la beauté que j'aime,
Pour arriver ici mon père a pris le frais ;
J'ai trouvé qu'il mettait pied à terre ici près :
Et la cause, en un mot, d'une telle venue,
Qui, comme je disais, ne m'était pas connue,
C'est qu'il m'a marié sans m'en écrire rien,
Et qu'il vient en ces lieux célébrer ce lien.
Jugez, en prenant part à mon inquiétude,
S'il pouvait m'arriver un contre-temps plus rude.
Cet Enrique dont hier je m'informais à vous
Cause tout le malheur dont je ressens les coups :
Il vient avec mon père achever ma ruine,
Et c'est sa fille unique à qui l'on me destine.
J'ai dès leurs premiers mots pensé m'évanouir :
Et d'abord, sans vouloir plus long-temps les ouir,
Mon père ayant parlé de vous rendre visite,
L'esprit plein de frayeur, je l'ai devancé vite.
De grâce, gardez-vous de lui rien découvrir
De mon engagement qui le pourrait aigrir ;
Et tâchez, comme en vous il prend grande créance,
De le dissuader de cette autre alliance.
ARNOLPHE.
Oui-dà.

HORACE.
Conseillez-lui de différer un peu,
Et rendez en ami ce service a mon feu.
ARNOLPHE.
Je n'y manquerai pas.
HORACE.
C'est en vous que j'espère.
ARNOLPHE.
Fort bien.
HORACE.
Et je vous tiens mon véritable père.
Dites-lui que mon âge... Ah! je le vois venir!
Ecoutez les raisons que je vous puis fournir.

SCÈNE VII.
ENRIQUE, ORONTE, CHRYSALDE, HORACE, ARNOLPHE.

(Horace et Arnolphe se retirent dans un coin du théâtre, et parlent bas ensemble.)

ENRIQUE, à Chrysalde.
Aussitôt qu'à mes yeux je vous ai vu paraître,
Quand on ne m'eût rien dit, j'aurais su vous connaître.
J'ai reconnu les traits de cette aimable sœur
Dont l'hymen autrefois m'avait fait possesseur;
Et je serais heureux, si la parque cruelle
M'eût laissé ramener cette épouse fidèle,
Pour jouir avec moi des sensibles douceurs
De revoir tous les siens après nos longs malheurs.

ACTE V, SCÈNE VII.

Mais, puisque du destin la fatale puissance
Nous prive pour jamais de sa chère présence,
Tâchons de nous résoudre, et de nous contenter
Du seul fruit amoureux qui m'en ait pu rester.
Il vous touche de près, et sans votre suffrage
J'aurais tort de vouloir disposer de ce gage.
Le choix du fils d'Oronte est glorieux de soi ;
Mais il faut que ce choix vous plaise comme à moi.

CHRYSALDE.
C'est de mon jugement avoir mauvaise estime,
Que douter si j'approuve un choix si légitime.

ARNOLPHE, *à part, à Horace.*
Oui, je veux vous servir de la bonne façon.

HORACE, *à part, à Arnolphe.*
Gardez encore un coup...

ARNOLPHE, *à Horace.*
     N'ayez aucun soupçon.
(*Arnolphe quitte Horace pour aller embrasser Oronte.*)

ORONTE, *à Arnolphe*
Ah ! que cette embrassade est pleine de tendresse !

ARNOLPHE.
Que je sens à vous voir une grande alégresse !

ORONTE.
Je suis ici venu...

ARNOLPHE.
  Sans m'en faire récit,
Je sais ce qui vous mène.

ORONTE.
    On vous l'a déjà dit ?

ARNOLPHE.
Oui.
ORONTE.
Tant mieux.
ARNOLPHE.
Votre fils à cet hymen résiste,
Et son cœur prévenu n'y voit rien que de triste :
Il m'a même prié de vous en détourner.
Et moi, tout le conseil que je vous puis donner,
C'est de ne pas souffrir que ce nœud se diffère,
Et de faire valoir l'autorité de père.
Il faut avec vigueur ranger les jeunes gens,
Et nous faisons contre eux à leur être indulgents.
HORACE, *à part.*
Ah ! traître !
CHRYSALDE.
Si son cœur a quelque répugnance,
Je tiens qu'on ne doit pas lui faire résistance.
Mon frère, que je crois, sera de mon avis.
ARNOLPHE.
Quoi ! se laissera-t-il gouverner par son fils ?
Est-ce que vous voulez qu'un père ait la mollesse
De ne savoir pas faire obéir la jeunesse ?
Il serait beau vraiment qu'on le vît aujourd'hui
Prendre loi de qui doit la recevoir de lui !
Non, non : c'est mon intime, et sa gloire est la mienne :
Sa parole est donnée, il faut qu'il la maintienne ;
Qu'il fasse voir ici de fermes sentiments,
Et force de son fils tous les attachements.

ACTE V, SCÈNE VIII.

ORONTE.
C'est parler comme il faut ; et dans cette alliance
C'est moi qui vous réponds de son obéissance.

CHRYSALDE, *à Arnolphe.*
Je suis surpris, pour moi, du grand empressement
Que vous me faites voir pour cet engagement,
Et ne puis deviner quel motif vous inspire...

ARNOLPHE.
Je sais ce que je fais, et dis ce qu'il faut dire.

ORONTE.
Oui, oui, seigneur Arnolphe, il est...

CHRYSALDE.
Ce nom l'aigrit ;
C'est monsieur de la Souche ; on vous l'a déjà dit.

ARNOLPHE.
Il n'importe.

HORACE, *à part.*
Qu'entends-je !

ARNOLPHE, *se tournant vers Horace.*
Oui. C'est là le mystère ;
Et vous pouvez juger de ce que je devais faire.

HORACE, *à part.*
En quel trouble...

SCÈNE VIII.

ENRIQUE, ARNOLPHE, CHRYSALDE, ORONTE, HORACE, GEORGETTE.

GEORGETTE.
Monsieur, si vous n'êtes auprès,

Nous aurons de la peine à retenir Agnès;
Elle veut à tous coups s'échapper, et peut-être
Qu'elle se pourrait bien jeter par la fenêtre.
ARNOLPHE.
Faites-là moi venir; aussi bien de ce pas
(à Horace.)
Prétends-je l'emmener. Ne vous en fâchez pas:
Un bonheur continu rendrait l'homme superbe;
Et chacun a son tour, comme dit le proverbe.
HORACE, à part.
Quels maux peuvent, ô ciel! égaler mes ennuis?
Et s'est-on jamais vu dans l'abîme où je suis?
ARNOLPHE, à Oronte.
Pressez vite le jour de la cérémonie,
J'y prends part; et déjà moi-même je m'en prie.
ORONTE.
C'est bien là mon dessein.

SCÈNE IX.

AGNÈS, ORONTE, ENRIQUE, HORACE, CHRYSALDE, GEORGETTE, ALAIN, ARNOLPHE.

ARNOLPHE, à Agnès.
Venez, belle, venez,
Qu'on ne saurait tenir, et qui vous mutinez.
Voici votre galant, à qui, pour récompense,
Vous pouvez faire une humble et douce révérence.
(à Horace.)
Adieu. L'événement trompe un peu vos souhaits;

Mais tous les amoureux ne sont pas satisfaits.
AGNÈS.
Me laissez-vous, Horace, emmener de la sorte?
HORACE.
Je ne sais où j'en suis, tant ma douleur est forte.
ARNOLPHE.
Allons, causeuse, allons.
AGNÈS.
   Je veux rester ici.
ORONTE.
Dites-nous ce que c'est que ce mystère-ci :
Nous nous regardons tous sans le pouvoir comprendre.
ARNOLPHE.
Avec plus de loisir je pourrai vous l'apprendre.
Jusqu'au revoir.
ORONTE.
   Où donc prétendez-vous aller?
Vous ne nous parlez point comme il nous faut parler.
ARNOLPHE.
Je vous ai conseillé, malgré tout son murmure,
D'achever l'hymenée.
ORONTE.
   Oui : mais pour le conclure,
Si l'on vous a dit tout, ne vous a-t-on pas dit
Que vous avez chez vous celle dont il s'agit,
La fille qu'autrefois de l'aimable Angélique
Sous des liens secrets eut le seigneur Enrique?
Sur quoi votre discours était-il donc fondé?

CHRYSALDE.
Je m'étonnais aussi de voir son procédé.
ARNOLPHE.
Quoi?
CHRYSALDE.
D'un hymen secret ma sœur eut une fille
Dont on cacha le sort à toute la famille.
ORONTE.
Et qui, sous de feints noms, pour ne rien découvrir,
Par son époux aux champs fut donnée à nourrir.
CHRYSALDE.
Et, dans ce temps, le sort, lui déclarant la guerre,
L'obligea de sortir de sa natale terre.
ORONTE.
Et d'aller essuyer mille périls divers
Dans ces lieux séparés de nous par tant de mers.
CHRYSALDE.
Où ses soins ont gagné ce que dans sa patrie
Avaient pu lui ravir l'imposture et l'envie.
ORONTE.
Et, de retour en France, il a cherché d'abord
Celle à qui de sa fille il confia le sort.
CHRYSALDE.
Et cette paysaune a dit avec franchise
Qu'en vos mains à quatre ans elle l'avait remise.
ORONTE.
Et qu'elle l'avait fait, sur votre charité,
Par un accablement d'extrême pauvreté.

CHRYSALDE.
Et lui, plein de transport, et l'alégresse en l'ame,
A fait jusqu'en ces lieux conduire cette femme.
ORONTE.
Et vous allez enfin la voir venir ici,
Pour rendre aux yeux de tous ce mystère éclairci.
CHRYSALDE, *à Arnolphe.*
Je devine à-peu-près quel est votre supplice :
Mais le sort en cela ne vous est que propice.
Si n'être point cocu vous semble un si grand bien,
Ne vous point marier en est le vrai moyen.

ARNOLPHE, *s'en allant tout transporté, et ne pouvant parler.*

Ouf !

SCÈNE X.

ENRIQUE, ORONTE, CHRYSALDE, AGNES, HORACE.

ORONTE.
D'où vient qu'il s'enfuit sans rien dire ?
HORACE.
Ah ! mon père,
Vous saurez pleinement ce surprenant mystère.
Le hasard en ces lieux avait exécuté
Ce que votre sagesse avait prémédité.
J'étais, par les doux nœuds d'une amour mutuelle,
Engagé de parole avecque cette belle ;
Et c'est elle en un mot que vous venez chercher,
Et pour qui mon refus a pensé vous fâcher.

ENRIQUE.

Je n'en ai point douté d'abord que je l'ai vue,
Et mon ame depuis n'a cessé d'être émue.
Ah ! ma fille, je cède à des transports si doux.

CHRYSALDE.

J'en ferais de bon cœur, mon frère, autant que vous;
Mais ces lieux et cela ne s'accommodent guères.
Allons dans la maison débrouiller ces mystères,
Payer à notre ami ses soins officieux,
Et rendre grâce au ciel, qui fait tout pour le mieux.

FIN DE L'ÉCOLE DES FEMMES.

LE MARIAGE
FORCÉ,
COMÉDIE EN UN ACTE.

1664.

PERSONNAGES.

SGANARELLE, amant de Dorimène.
GÉRONIMO, ami de Sganarelle.
DORIMÈNE, fille d'Alcantor.
ALCANTOR, père de Dorimène.
ALCIDAS, frère de Dorimène.
LYCASTE, amant de Dorimène.
PANCRACE, docteur aristotélicien.
MARPHURIUS, docteur pyrrhonien.
DEUX BOHÉMIENNES.

La scène est dans une place publique.

LE MARIAGE FORCÉ.

SCÈNE I.

SGANARELLE, *parlant à ceux qui sont dans sa maison.*

Je suis de retour dans un moment. Que l'on ait bien soin du logis, et que tout aille comme il faut. Si l'on m'apporte de l'argent, que l'on me vienne quérir vîte chez le seigneur Géronimo; et, si l'on vient m'en demander, qu'on dise que je suis sorti, et que je ne dois revenir de toute la journée.

SCÈNE II.

SGANARELLE, GÉRONIMO.

GÉRONIMO, *ayant entendu les dernières paroles de Sganarelle.*
Voilà un ordre fort prudent.
SGANARELLE.
Ah! seigneur Géronimo, je vous trouve à propos; et j'allais chez vous vous chercher.

GÉRONIMO.
Et pour quel sujet, s'il vous plaît?
SGANARELLE.
Pour vous communiquer une affaire que j'ai en tête, et vous prier de m'en dire votre avis.
GÉRONIMO.
Très-volontiers. Je suis bien aise de cette rencontre, et nous pouvons parler ici en toute liberté.
SGANARELLE.
Mettez donc dessus, s'il vous plaît. Il s'agit d'une chose de conséquence que l'on m'a proposée; et il est bon de ne rien faire sans le conseil de ses amis.
GÉRONIMO.
Je vous suis obligé de m'avoir choisi pour cela. Vous n'avez qu'à me dire ce que c'est.
SGANARELLE.
Mais auparavant je vous conjure de ne me point flatter du tout, et de me dire nettement votre pensée.
GÉRONIMO.
Je le ferai, puisque vous le voulez.
SGANARELLE.
Je ne vois rien de plus condamnable qu'un ami qui ne nous parle point franchement.
GÉRONIMO.
Vous avez raison.
SGANARELLE.
Et, dans ce siècle, on trouve peu d'amis sincères.
GÉRONIMO.
Cela est vrai.

SCÈNE II.

SGANARELLE.

Promettez-moi donc, seigneur Géronimo, de me parler avec toute sorte de franchise.

GÉRONIMO.

Je vous le promets.

SGANARELLE.

Jurez-en votre foi.

GÉRONIMO.

Oui, foi d'ami. Dites-moi seulement votre affaire.

SGANARELLE.

C'est que je veux savoir de vous si je ferai bien de me marier.

GÉRONIMO.

Qui ? vous ?

SGANARELLE.

Oui, moi-même, en propre personne. Quel est votre avis là-dessus ?

GÉRONIMO.

Je vous prie auparavant de me dire une chose.

SGANARELLE.

Et quoi ?

GÉRONIMO.

Quel âge pouvez-vous bien avoir maintenant ?

SGANARELLE.

Moi ?

GÉRONIMO.

Oui.

SGANARELLE.

Ma foi, je ne sais; mais je me porte bien.

GÉRONIMO.

Quoi! vous ne savez pas à peu près votre âge?

SGANARELLE.

Non. Est-ce qu'on songe à cela?

GÉRONIMO.

Hé! dites-moi un peu, s'il vous plaît, combien aviez-vous d'années lorsque nous fîmes connaissance?

SGANARELLE.

Ma foi, je n'avais que vingt ans alors.

GÉRONIMO.

Combien fûmes-nous ensemble à Rome?

SGANARELLE.

Huit ans.

GÉRONIMO.

Quel temps avez-vous demeuré en Angleterre!

SGANARELLE.

Sept ans.

GÉRONIMO.

Et en Hollande, où vous fûtes ensuite?

SGANARELLE.

Cinq ans et demi.

GÉRONIMO.

Combien y a-t-il que vous êtes revenu ici?

SGANARELLE.

Je revins en cinquante-deux.

GÉRONIMO.

De cinquante-deux à soixante-quatre il y a douze ans, ce me semble; cinq ans en Hollande font dix-sept, sept ans en Angleterre font vingt-quatre, huit dans notre séjour à Rome font trente-deux, et vingt que vous aviez lorsque nous nous connûmes, cela fait justement cinquante-deux : si bien, seigneur Sganarelle, que, sur votre propre confession, vous êtes environ à votre cinquante-deuxième ou cinquante-troisième année.

SGANARELLE.

Qui ? moi ? Cela ne se peut pas.

GÉRONIMO.

Mon dieu ! le calcul est juste ; et là-dessus je vous dirai franchement et en ami, comme vous m'avez fait promettre de vous parler, que le mariage n'est guère votre fait. C'est une chose à laquelle il faut que les jeunes gens pensent bien mûrement avant que de la faire, mais les gens de votre âge n'y doivent point penser du tout ; et si l'on dit que la plus grande de toutes les folies est celle de se marier, je ne vois rien de plus mal à propos que de la faire, cette folie, dans la saison où nous devons être plus sages. Enfin je vous en dis nettement ma pensée : je ne vous conseille point de songer au mariage ; et je vous trouverais le plus ridicule du monde, si, ayant été libre jusqu'à cette heure, vous alliez vous charger maintenant de la plus pesante des chaînes.

SGANARELLE.

Et moi, je vous dis que je suis résolu de me marier, et que je ne serai point ridicule en épousant la fille que je recherche.

GÉRONIMO.

Ah! c'est une autre chose. Vous ne m'aviez pas dit cela.

SGANARELLE.

C'est une fille qui me plaît, et que j'aime de tout mon cœur.

GÉRONIMO.

Vous l'aimez de tout votre cœur?

SGANARELLE.

Sans doute; et je l'ai demandée à son père.

GÉRONIMO.

Vous l'avez demandée?

SGANARELLE.

Oui. C'est un mariage qui se doit conclure ce soir; et j'ai donné ma parole.

GÉRONIMO.

Oh! mariez-vous donc; je ne dis plus mot.

SGANARELLE.

Je quitterais le dessein que j'ai fait! Vous semble-t-il, seigneur Géronimo, que je ne sois plus propre à songer à une femme? Ne parlons point de l'âge que je puis avoir; mais regardons seulement les choses. Y a-t-il homme de trente ans qui paraisse plus frais et plus vigoureux que vous me voyez? N'ai-je pas tous les mouvements de mon corps aussi bons que jamais? et voit-on que j'aie besoin de carrosse ou de chaise pour cheminer? N'ai-je pas encore toutes mes dents les meilleures du monde? (*Il montre ses dents.*) Ne fais-je pas vigoureusement mes quatre repas par jour? et peut-on voir un estomac qui ait plus de force que le mien? (*Il tousse.*) Hem, hem, hem. Hé! qu'en dites-vous?

GÉRONIMO.

Vous avez raison, je m'étais trompé. Vous ferez bien de vous marier.

SGANARELLE.

J'y ai répugné autrefois; mais j'ai maintenant de puissantes raisons pour cela. Outre la joie que j'aurai de posséder une belle femme, qui me dorlottera et me viendra frotter lorsque je serai las; outre cette joie, dis-je, je considère qu'en demeurant comme je suis, je laisse périr dans le monde la race des Sganarelles, et qu'en me mariant je pourrai me voir revivre en d'autres moi-même; que j'aurai le plaisir de voir des créatures qui seront sorties de moi, de petites figures qui me ressembleront comme deux gouttes d'eau, qui se joueront continuellement dans la maison, qui m'appelleront leur papa quand je reviendrai de la ville, et me diront de petites folies les plus agréables du monde. Tenez, il me semble déjà que j'y suis, et que j'en vois une demi-douzaine autour de moi.

GÉRONIMO.

Il n'y a rien de plus agréable que cela; et je vous conseille de vous marier le plus vite que vous pourrez.

SGANARELLE.

Tout de bon, vous me le conseillez?

GÉRONIMO.

Assurément. Vous ne sauriez mieux faire.

SGANARELLE.

Vraiment, je suis ravi que vous me donniez ce conseil en véritable ami.

GÉRONIMO.

Hé! quelle est la personne, s'il vous plaît, avec qui vous allez vous marier?

SGANARELLE.

Dorimène.

GÉRONIMO.

Cette jeune Dorimène si galante et si bien parée?

SGANARELLE.

Oui.

GÉRONIMO.

Fille du seigneur Alcantor?

SGANARELLE.

Justement.

GÉRONIMO.

Et sœur d'un certain Alcidas, qui se mêle de porter l'épée?

SGANARELLE.

C'est cela.

GÉRONIMO.

Vertu de ma vie!

SGANARELLE.

Qu'en dites-vous?

GÉRONIMO.

Bon parti! mariez vous promptement.

SCÈNE III.

SGANARELLE.

N'ai-je pas raison d'avoir fait ce choix?

GÉRONIMO.

Sans doute. Ah! que vous serez bien marié! Dépêchez-vous de l'être.

SGANARELLE.

Vous me comblez de joie de me dire cela. Je vous remercie de votre conseil, et je vous invite ce soir à mes noces.

GÉRONIMO.

Je n'y manquerai pas; et je veux y aller en masque, afin de les mieux honorer.

SGANARELLE.

Serviteur.

GÉRONIMO, *à part.*

La jeune Dorimène, fille du seigneur Alcantor, avec le seigneur Sganarelle, qui n'a que cinquante-trois ans! ô le beau mariage! ô le beau mariage! (*ce qu'il répète plusieurs fois en s'en allant.*)

SCÈNE III.

SGANARELLE, *seul.*

Ce mariage doit être heureux; car il donne de la joie à tout le monde, et je fais rire tous ceux à qui j'en parle. Me voilà maintenant le plus content des hommes.

LE MARIAGE FORCÉ.
SCÈNE IV.
DORIMÈNE, SGANARELLE.

DORIMÈNE, *dans le fond du théâtre, à un petit laquais qui la suit.*

Allons, petit garçon, qu'on tienne bien ma queue, et qu'on ne s'amuse pas à badiner.

SGANARELLE, *à part, apercevant Dorimène.*

Voici ma maîtresse qui vient. Ah! qu'elle est agréable! Quel air et quelle taille! Peut-il y avoir un homme qui n'ait, en la voyant, des démangeaisons de se marier? (*à Dorimène.*) Où allez-vous, belle mignonne, chère future épouse de votre époux futur?

DORIMÈNE.

Je vais faire quelques emplettes.

SGANARELLE.

Hé bien! ma belle, c'est maintenant que nous allons être heureux l'un et l'autre. Vous ne serez plus en droit de me rien refuser; et je pourrai faire avec vous tout ce qu'il me plaira, sans que personne s'en scandalise. Vous allez être à moi depuis la tête jusqu'aux pieds; et je serai maître de tout; de vos petits yeux éveillés, de votre petit nez fripon, de vos lèvres appétissantes, de vos oreilles amoureuses, de votre petit menton joli, de vos petits tettons rondelets, de votre... enfin toute votre personne sera à ma discrétion, et je serai à même pour vous caresser comme je voudrai. N'êtes-vous pas bien aise de ce mariage, mon aimable pouponne ?

DORIMÈNE.

Tout-à-fait aise, je vous jure. Car enfin la sévérité de mon père m'a tenue jusques ici dans une sujétion la plus fâcheuse du monde. Il y a je ne sais combien que j'enrage du peu de liberté qu'il me donne; et j'ai cent fois souhaité qu'il me mariât, pour sortir promptement de la contrainte où j'étais avec lui, et me voir en état de faire ce que je voudrai. Dieu merci, vous êtes venu heureusement pour cela; et je me prépare désormais à me donner du divertissement, et à réparer comme il faut le temps que j'ai perdu. Comme vous êtes un fort galant homme, et que vous savez comme il faut vivre, je crois que nous ferons le meilleur ménage du monde ensemble, et que vous ne serez point de ces maris incommodes qui veulent que leurs femmes vivent comme des loups-garous. Je vous avoue que je ne m'accommoderais pas de cela, et que la solitude me désespère. J'aime le jeu, les visites, les assemblées, les cadeaux et les promenades, en un mot, toutes les choses de plaisir; et vous devez être ravi d'avoir une femme de mon humeur. Nous n'aurons jamais aucun démêlé ensemble : et je ne vous contraindrai point dans vos actions, comme j'espère que, de votre côté, vous ne me contraindrez point dans les miennes; car, pour moi, je tiens qu'il faut avoir une complaisance mutuelle, et qu'on ne se doit point marier pour se faire enrager l'un l'autre. Enfin nous vivrons, étant mariés, comme deux personnes qui savent leur monde : aucun soupçon jaloux ne nous troublera la cervelle ; et c'est assez que vous serez assuré de ma fidélité, comme je serai persuadée de la vôtre. Mais qu'avez-vous ? je vous vois tout changé de visage.

SGANARELLE.

Ce sont quelques vapeurs qui me viennent de monter à la tête.

DORIMÈNE.

C'est un mal aujourd'hui qui attaque beaucoup de gens ; mais notre mariage vous dissippera tout cela. Adieu : il me tarde déjà que je n'aie des habits raisonnables pour quitter vîte ces guenilles. Je m'en vais de ce pas achever d'acheter toutes les choses qu'il me faut, et je vous envoierai les marchands.

SCÈNE V.

GÉRONIMO, SGANARELLE.

GÉRONIMO.

Ah! seigneur Sganarelle, je suis ravi de vous trouver encore ici ; et j'ai rencontré un orfévre qui, sur le bruit que vous cherchiez quelque beau diamant en bague pour faire un présent à votre épouse, m'a fort prié de vous venir parler pour lui, et de vous dire qu'il en a un à vendre, le plus parfait du monde.

SCÈNE V.

SGANARELLE.

Mon dieu! cela n'est pas pressé.

GÉRONIMO.

Comment! que veut dire cela? Où est l'ardeur que vous montriez tout-à-l'heure?

SGANARELLE.

Il m'est venu, depuis un moment, de petits scrupules sur le mariage. Avant que de passer plus avant, je voudrais bien agiter à fond cette matière, et que l'on m'expliquât un songe que j'ai fait cette nuit, et qui vient tout-à-l'heure de me revenir dans l'esprit. Vous savez que les songes sont comme des miroirs où l'on découvre quelquefois tout ce qui nous doit arriver. Il me semblait que j'étais dans un vaisseau, sur une mer bien agitée, et que...

GÉRONIMO.

Seigneur Sganarelle, j'ai maintenant quelque petite affaire qui m'empêche de vous ouïr. Je n'entends rien du tout aux songes; et, quant au raisonnement du mariage, vous avez deux savants, deux philosophes vos voisins, qui sont gens à vous débiter tout ce qu'on peut dire sur ce sujet. Comme ils sont de sectes différentes, vous pouvez examiner leurs diverses opinions là-dessus. Pour moi, je me contente de ce que je vous ai dit tantôt, et demeure votre serviteur.

SGANARELLE, *seul*.

Il a raison : il faut que je consulte un peu ces gens-là sur l'incertitude où je suis.

SCÈNE VI.

PANCRACE, SGANARELLE.

PANCRACE, *se tournant du côté par où il est entré, et sans voir Sganarelle.*

Allez, vous êtes un impertinent, mon ami, un homme ignare de toute bonne discipline, bannissable de la république des lettres.

SGANARELLE.

Ah! bon. En voici un fort à propos.

PANCRACE, *de même, sans voir Sganarelle.*

Oui, je te soutiendrai par vives raisons, je te montrerai par Aristote, le philosophe des philosophes, que tu es un ignorant, un ignorantissime, ignorantifiant et ignorantifié, par tous les cas et modes imaginables.

SGANARELLE, *à part.*

Il a pris querelle contre quelqu'un. (*à Pancrace.*) Seigneur...

PANCRACE, *de même, sans voir Sganarelle.*

Tu te veux mêler de raisonner, et tu ne sais pas seulement les élémens de la raison.

SGANARELLE, *à part.*

La colère l'empêche de me voir. (*à Pancrace.*) Seigneur...

PANCRACE, *de même, sans voir Sganarelle.*

C'est une proposition condamnable dans toutes les terres de la philosophie.

SCÈNE VI.

SGANARELLE, *à part.*

Il faut qu'on l'ait fort irrité. (*à Pancrace*). Je...

PANCRACE, *de même, sans voir Sganarelle.*

Toto cœlo, totâ viâ aberras.

SGANARELLE.

Je baise les mains à monsieur le docteur.

PANCRACE.

Serviteur.

SGANARELLE.

Peut-on...?

PANCRACE, *se retournant vers l'endroit par où il est entré.*

Sais-tu bien ce que tu as fait? un syllogisme *in balordo*.

SGANARELLE.

Je vous...

PANCRACE, *de même.*

La majeure en est inepte, la mineure impertinente, et la conclusion ridicule.

SGANARELLE.

Je...

PANCRACE, *de même.*

Je creverais plutôt que d'avouer ce que tu dis; et je soutiendrai mon opinion jusqu'à la dernière goutte de mon encre.

SGANARELLE.

Puis-je...?

PANCRACE, *de même.*

Oui, je défendrai cette proposition, *pugnis et calcibus, unguibus et rostro*.

SGANARELLE.

Seigneur Aristote, peut-on savoir ce qui vous met si fort en colère?

PANCRACE.

Un sujet le plus juste du monde.

SGANARELLE.

Et quoi encore?

PANCRACE.

Un ignorant m'a voulu soutenir une proposition erronée, une proposition épouvantable, effroyable, exécrable.

SGANARELLE.

Puis-je demander ce que c'est?

PANCRACE.

Ah! seigneur Sganarelle, tout est renversé aujourd'hui, et le monde est tombé dans une corruption générale : une licence épouvantable règne par-tout; et les magistrats qui sont établis pour maintenir l'ordre dans cet état devraient mourir de honte en souffrant un scandale aussi intolérable que celui dont je veux parler.

SGANARELLE.

Quoi donc?

PANCRACE.

N'est-ce pas une chose horrible, une chose qui crie vengeance au ciel, que d'endurer qu'on dise publiquement, la forme d'un chapeau?

SGANARELLE.

Comment?

SCÈNE VI.
PANCRACE.

Je soutiens qu'il faut dire la figure d'un chapeau, et non pas la forme : d'autant qu'il y a cette différence entre la forme et la figure, que la forme est la disposition extérieure des corps qui sont animés; et la figure, la disposition extérieure des corps qui sont inanimés : et puisque le chapeau est un corps inanimé, il faut dire la figure d'un chapeau, et non pas la forme.

(*se retournant encore du côté par où il est entré.*)

Oui, ignorant que vous êtes, c'est ainsi qu'il faut parler; et ce sont les termes exprès d'Aristote dans le chapitre de la qualité.

SGANARELLE, *à part.*

Je pensais que tout fût perdu. (*à Pancrace.*) Seigneur docteur, ne songez plus à tout cela. Je...

PANCRACE.

Je suis dans une colère, que je ne me sens pas.

SGANARELLE.

Laissez la forme et le chapeau en paix. J'ai quelque chose à vous communiquer. Je...

PANCRACE.

Impertinent !

SGANARELLE.

De grâce, remettez-vous. Je...

PANCRACE.

Ignorant !

SGANARELLE.

Hé ! mon dieu ! Je...

PANCRACE.

Me vouloir soutenir une proposition de la sorte !

SGANARELLE.

Il a tort. Je...

PANCRACE.

Une proposition condamnée par Aristote !

SGANARELLE.

Cela est vrai. Je...

PANCRACE.

En termes exprès !

SGANARELLE.

Vous avez raison. (*se tournant du côté par où Pancrace est entré.*) Oui, vous êtes un sot et un impudent de vouloir disputer contre un docteur qui sait lire et écrire. Voilà qui est fait : je vous prie de m'écouter. Je viens vous consulter sur une affaire qui m'embarrasse. J'ai dessein de prendre une femme pour me tenir compagnie dans mon ménage. La personne est belle et bien faite ; elle me plaît beaucoup, et est ravie de m'épouser ; son père me l'a accordée. Mais je crains un peu ce que vous savez, la disgrâce dont on ne plaint personne ; et je voudrais bien vous prier, comme philosophe, de me dire votre sentiment. Hé ! quel est votre avis là-dessus ?

PANCRACE.

Plutôt que d'accorder qu'il faille dire la forme d'un chapeau, j'accorderais que *datur vacuum in rerum naturâ*, et que je ne suis qu'une bête.

SCÈNE VI.

SGANARELLE, *à part.*

La peste soit de l'homme! (*à Pancrace.*) Hé! monsieur le docteur, écoutez un peu les gens. On vous parle une heure durant, et vous ne répondez point à ce qu'on vous dit.

PANCRACE.

Je vous demande pardon. Une juste colère m'occupe l'esprit.

SGANARELLE.

Hé! laissez tout cela, et prenez la peine de m'écouter.

PANCRACE.

Soit. Que voulez-vous me dire?

SGANARELLE.

Je veux vous parler de quelque chose.

PANCRACE.

Et de quelle langue voulez-vous vous servir avec moi?

SGANARELLE.

De quelle langue?

PANCRACE.

Oui.

SGANARELLE.

Parbleu! de la langue que j'ai dans ma bouche. Je crois que je n'irai pas emprunter celle de mon voisin.

PANCRACE.

Je vous dis, de quel idiôme, de quel langage?

SGANARELLE.

Ah! c'est une autre affaire.

PANCRACE.

Voulez-vous me parler italien?

SGANARELLE.

Non.

PANCRACE.

Espagnol?

SGANARELLE.

Non.

PANCRACE.

Allemand?

SGANARELLE.

Non.

PANCRACE.

Anglais?

SGANARELLE.

Non.

PANCRACE.

Latin?

SGANARELLE.

Non.

PANCRACE.

Grec?

SGANARELLE.

Non.

PANCRACE.

Hébreu?

SGANARELLE.

Non.

PANCRACE.

Syriaque?

SCÈNE VI.
SGANARELLE.
Non.
PANCRACE.
Turc?
SGANARELLE.
Non.
PANCRACE.
Arabe?
SGANARELLE.
Non, non; français, français, français.
PANCRACE.
Ah! français.
SGANARELLE.
Fort bien.
PANCRACE.
Passez donc de l'autre côté; car cette oreille-ci est destinée pour les langues scientifiques étrangères, et l'autre est pour la vulgaire et la maternelle.
SGANARELLE, *à part.*
Il faut bien des cérémonies avec ces sortes de gens-ci.
PANCRACE.
Que voulez-vous?
SGANARELLE.
Vous consulter sur une petite difficulté.
PANCRACE.
Ah! ah! sur une difficulté de philosophie, sans doute?

SGANARELLE.

Pardonnez-moi. Je...

PANCRACE.

Vous voulez peut-être savoir si la substance et l'accident sont termes synonymes ou équivoques à l'égard de l'être?

SGANARELLE.

Point du tout. Je...

PANCRACE.

Si la logique est un art ou une science?

SGANARELLE.

Ce n'est pas cela. Je...

PANCRACE.

Si elle a pour objet les trois opérations de l'esprit, ou la troisième seulement?

SGANARELLE.

Non. Je...

PANCRACE.

S'il y a dix catégories, ou s'il n'y en a qu'une?

SGANARELLE.

Point. Je...

PANCRACE.

Si la conclusion est de l'essence du syllogisme?

SGANARELLE.

Nenni. Je...

PANCRACE.

Si l'essence du bien est mise dans l'appétibilité, ou dans la convenance?

SGANARELLE.

Non. Je...

SCÈNE VI.

PANCRACE.

Si le bien se réciproque avec la fin?

SGANARELLE.

Hé! non. Je...

PANCRACE.

Si la fin nous peut émouvoir par son être réel, ou par son être intentionnel?

SGANARELLE.

Non, non, non, non, non, de par tous les diables, non.

PANCRACE.

Expliquez donc votre pensée, car je ne puis pas la deviner.

SGANARELLE.

Je vous la veux expliquer aussi; mais il faut m'écouter. (*Pendant que Sganarelle dit :*) L'affaire que j'ai à vous dire, c'est que j'ai envie de me marier avec une fille qui est jeune et belle. Je l'aime fort, et je l'ai demandée à son père; mais comme j'appréhende...

PANCRACE *dit en même temps, sans écouter Sganarelle.*

La parole a été donnée à l'homme pour expliquer ses pensées; et tout ainsi que les pensées sont les portraits des choses, de même nos paroles sont-elles les portraits de nos pensées.

(*Sganarelle impatienté ferme la bouche du docteur avec sa main à plusieurs reprises; et le docteur continue de parler d'abord que Sganarelle ôte sa main.*)

Mais ces portraits diffèrent des autres portraits en ce que les autres portraits sont distingués partout de leurs originaux, et que la parole enferme en soi son original, puisqu'elle n'est autre chose que la pensée expliquée par un signe extérieur; d'où vient que ceux qui pensent bien sont aussi ceux qui parlent le mieux. Expliquez-moi donc votre pensée par la parole, qui est le plus intelligible de tous les signes.

SGANARELLE *pousse le docteur dans sa maison, et tire la porte pour l'empêcher de sortir.*

Peste de l'homme!

PANCRACE, *au-dedans de sa maison.*

Oui, la parole est *animi index et speculum.* C'est le truchement du cœur, c'est l'image de l'ame.

(*Il monte à la fenêtre, et continue.*)

C'est un miroir qui nous présente naïvement les secrets les plus arcanes de nos individus; et, puisque vous avez la faculté de ratiociner et de parler tout ensemble, à quoi tient-il que vous ne vous serviez de la parole pour me faire entendre votre pensée?

SGANARELLE.

C'est ce que je veux faire; mais vous ne voulez pas m'écouter.

PANCRACE.

Je vous écoute, parlez.

SGANARELLE.

Je dis donc, monsieur le docteur, que...

SCÈNE VI.
PANCRACE.
Mais surtout soyez bref.
SGANARELLE.
Je le serai.
PANCRACE.
Evitez la prolixité.
SGANARELLE.
Hé! monsi...
PANCRACE.
Tranchez-moi votre discours d'un apophthegme à la laconienne.
SGANARELLE.
Je vous...
PANCRACE.
Point d'ambages, de circonlocution.
(*Sganarelle, de dépit de ne pouvoir parler, ramasse des pierres pour en casser la tête du docteur.*)
PANCRACE.
Hé quoi! vous vous emportez, au lieu de vous expliquer. Allez, vous êtes plus impertinent que celui qui m'a voulu soutenir qu'il faut dire la forme d'un chapeau; et je vous prouverai en toute rencontre, par raisons démonstratives et convaincantes, et par arguments *in barbara*, que vous n'êtes et ne serez jamais qu'une pécore, et que je suis et serai toujours *in utroque jure* le docteur Pancrace...
SGANARELLE.
Quel diable de babillard!

PANCRACE, *en rentrant sur le théâtre.*
Homme de lettres, homme d'érudition...

SGANARELLE

Encore !

PANCRACE.

Homme de suffisance, homme de capacité ; (*s'en allant*) homme consommé dans toutes les sciences, naturelles, morales et politiques ; (*revenant*) homme savant, savantissime, *per omnes modos et casus* ; (*s'en allant*) homme qui possède, *superlative*, fable, mythologie et histoire, (*revenant*) grammaire, poésie, rhétorique, dialectique et sophistique, (*s'en allant*) mathématiques, arithmétique, optique, onirocritique, physique et métaphysique, (*revenant*) cosmométrie, géométrie, architecture, spéculoire et spéculatoire ; (*s'en allant*) médecine, astronomie, astrologie, physionomie, métoposcopie, chiromancie, géomancie, etc.

SCÈNE VII.

SGANARELLE, *seul.*

Au diable les savants qui ne veulent point écouter les gens ! On me l'avait bien dit que son maître Aristote n'était rien qu'un bavard. Il faut que j'aille trouver l'autre ; peut-être qu'il sera plus posé et plus raisonnable. Holà !

SCÈNE VIII.
MARPHURIUS, SGANARELLE.

MARPHURIUS.
Que voulez-vous de moi, seigneur Sganarelle?

SGANARELLE.
Seigneur docteur, j'aurais besoin de votre conseil sur une petite affaire dont il s'agit, et je suis venu ici pour cela. (*à part.*) Ah! voilà qui va bien. Il écoute le monde, celui-ci.

MARPHURIUS.
Seigneur Sganarelle, changez, s'il vous plaît, cette façon de parler. Notre philosophie ordonne de ne point énoncer de proposition décisive, de parler de tout avec incertitude, de suspendre toujours son jugement; et, par cette raison, vous ne devez pas dire, Je suis venu, mais, il me semble que je suis venu.

SGANARELLE.
Il me semble!

MARPHURIUS.
Oui.

SGANARELLE.
Parbleu! il faut bien qu'il me le semble, puisque cela est.

MARPHURIUS.
Ce n'est pas une conséquence; et il peut vous le sembler, sans que la chose soit véritable.

SGANARELLE.
Comment! il n'est pas vrai que je suis venu?

MARPHURIUS.

Cela est incertain, et nous devons douter de tout.

SGANARELLE.

Quoi! je ne suis pas ici, et vous ne me parlez pas?

MARPHURIUS.

Il m'apparaît que vous êtes là, et il me semble que je vous parle : mais il n'est pas assuré que cela soit.

SGANARELLE.

Hé! que diable! vous vous moquez. Me voilà, et vous voilà bien nettement, et il n'y a point de me semble à tout cela. Laissons ces subtilités, je vous prie, et parlons de mon affaire. Je viens vous dire que j'ai envie de me marier.

MARPHURIUS.

Je n'en sais rien.

SGANARELLE.

Je vous le dis

MARPHURIUS.

Il se peut faire.

SGANARELLE.

La fille que je veux prendre est fort jeune et fort belle.

MARPHURIUS.

Il n'est pas impossible

SGANARELLE.

Ferai-je bien ou mal de l'épouser?

SCÈNE VIII.
MARPHURIUS.
L'un ou l'autre.
SGANARELLE, *à part.*
Ah! ah! voici une autre musique. (*à Marphurius.*) Je vous demande si je ferai bien d'épouser la fille dont je vous parle.
MARPHURIUS.
Selon la rencontre.
SGANARELLE.
Ferai-je mal?
MARPHURIUS.
Par aventure.
SGANARELLE.
De grâce, répondez-moi comme il faut.
MARPHURIUS.
C'est mon dessein.
SGANARELLE.
J'ai une grande inclination pour la fille.
MARPHURIUS.
Cela peut être.
SGANARELLE.
Le père me l'a accordée.
MARPHURIUS.
Il se pourrait.
SGANARELLE.
Mais, en l'épousant, je crains d'être cocu.
MARPHURIUS.
La chose est faisable.
SGANARELLE.
Qu'en pensez-vous?

MARPHURIUS.
Il n'y a pas d'impossibilité.
SGANARELLE.
Mais que feriez-vous si vous étiez à ma place?
MARPHURIUS.
Je ne sais.
SGANARELLE.
Que me conseillez-vous de faire?
MARPHURIUS.
Ce qu'il vous plaira.
SGANARELLE.
J'enrage.
MARPHURIUS.
Je m'en lave les mains.
SGANARELLE.
Au diable soit le vieux rêveur!
MARPHURIUS.
Il en sera ce qu'il pourra.
SGANARELLE, *à part*.
La peste du bourreau! Je te ferai changer de note, chien de philosophe enragé.
(*Il donne des coups de bâton à Marphurius.*)
MARPHURIUS.
Ah! ah! ah!
SGANARELLE.
Te voilà payé de ton galimatias, et me voilà content.
MARPHURIUS.
Comment! quelle insolence! M'outrager de la

SCÈNE VIII.

sorte! Avoir eu l'audace de battre un philosophe comme moi!

SGANARELLE.

Corrigez, s'il vous plaît, cette manière de parler. Il faut douter de toute chose; et vous ne devez pas dire que je vous ai battu, mais qu'il vous semble que je vous ai battu.

MARPHURIUS.

Ah! je m'en vais faire ma plainte au commissaire du quartier des coups que j'ai reçus.

SGANARELLE.

Je m'en lave les mains.

MARPHURIUS.

J'en ai les marques sur ma personne.

SGANARELLE.

Il se peut faire.

MARPHURIUS.

C'est toi qui m'as traité ainsi.

SGANARELLE.

Il n'y a pas d'impossibilité.

MARPHURIUS.

J'aurai un décret contre toi.

SGANARELLE.

Je n'en sais rien.

MARPHURIUS.

Tu seras condamné en justice.

SGANARELLE.

Il en sera ce qu'il pourra.

MARPHURIUS.

Laisse-moi faire.

SCÈNE IX.

SGANARELLE, *seul*.

Comment! on ne saurait tirer une parole positive de ce chien d'homme-là, et l'on est aussi savant à la fin qu'au commencement! Que dois-je faire dans l'incertitude des suites de mon mariage? Jamais homme ne fut plus embarrassé que je suis. Ah! voici des Bohémiennes : il faut que je me fasse dire par elles ma bonne aventure.

SCÈNE X.

DEUX BOHÉMIENNES, SGANARELLE.

(*Les deux Bohémiennes, avec leur tambour de Basque, entrent en chantant et en dansant.*)

SGANARELLE.

Elles sont gaillardes. Ecoutez, vous autres : y a-t-il moyen de me dire ma bonne fortune?

I. BOHÉMIENNE.

Oui, mon bon monsieur, nous voici deux qui te la dirons.

II. BOHÉMIENNE.

Tu n'as seulement qu'à nous donner ta main avec la croix dedans; et nous te dirons quelque chose pour ton bon profit.

SGANARELLE.

Tenez, les voilà toutes deux, avec ce que vous demandez.

SCÈNE X.

I. BOHÉMIENNE.

Tu as une bonne physionomie, mon bon monsieur, une bonne physionomie.

II. BOHÉMIENNE.

Oui, une bonne physionomie; physionomie d'un homme qui sera un jour quelque chose.

I. BOHÉMIENNE.

Tu seras marié avant qu'il soit peu, mon bon monsieur; tu seras marié avant qu'il soit peu.

II. BOHÉMIENNE.

Tu épouseras une femme gentille, une femme gentille.

I. BOHÉMIENNE.

Oui, une femme qui sera chérie et aimée de tout le monde.

II. BOHÉMIENNE.

Une femme qui te fera beaucoup d'amis, mon bon monsieur, qui te fera beaucoup d'amis.

I. BOHÉMIENNE.

Une femme qui fera venir l'abondance chez toi.

II. BOHÉMIENNE.

Une femme qui te donnera une grande réputation.

I. BOHÉMIENNE.

Tu seras considéré par elle, mon bon monsieur; tu seras considéré par elle.

SGANARELLE.

Voilà qui est bien. Mais dites-moi un peu, suis-je menacé d'être cocu?

LE MARIAGE FORCÉ.

II. BOHÉMIENNE.
Cocu ?

SGANARELLE.
Oui.

I. BOHÉMIENNE.
Cocu ?

SGANARELLE.
Oui, si je suis menacé d'être cocu.
(*Les deux Bohémiennes dansent et chantent.*)

SGANARELLE.
Que diable ! ce n'est pas là me répondre. Venez çà : je vous demande à toutes deux si je serai cocu.

II. BOHÉMIENNE.
Cocu ? vous ?

SGANARELLE.
Oui, si je serai cocu.

I. BOHÉMIENNE.
Vous ? cocu ?

SGANARELLE.
Oui, si je le serai, ou non.
(*Les deux Bohémiennes sortent en chantant et en dansant.*)

SCÈNE XI.

SGANARELLE, *seul*.

Peste soit des carognes, qui me laissent dans l'inquiétude ! Il faut absolument que je sache la destinée de mon mariage ; et, pour cela, je veux aller trouver ce grand magicien dont tout le monde parle tant, et qui, par son art admirable, fait voir tout ce que l'on souhaite. Ma foi, je crois que je n'ai que faire d'aller au magicien, et voici qui me montre tout ce que je puis demander.

SCÈNE XII.

DORIMÈNE, LYCASTE, SGANARELLE, *retiré dans un coin du théâtre sans être vu.*

LYCASTE.

Quoi! belle Dorimène, c'est sans raillerie que vous parlez?

DORIMÈNE.

Sans raillerie.

LYCASTE.

Vous vous mariez tout de bon?

DORIMÈNE.

Tout de bon.

LYCASTE.

Et vos noces se feront dès ce soir?

DORIMÈNE.

Dès ce soir.

LYCASTE.

Et vous pouvez, cruelle que vous êtes, oublier de la sorte l'amour que j'ai pour vous, et les obligeantes paroles que vous m'aviez données?

DORIMÈNE.

Moi? point du tout. Je vous considère toujours de même; et ce mariage ne doit point vous inquiéter. C'est un homme que je n'épouse point par amour, et sa seule richesse me fait résoudre à l'accepter. Je n'ai point de bien, vous n'en avez point aussi; et vous savez que sans cela on passe mal le temps au monde, et qu'à quelque prix que ce soit il faut tâcher d'en avoir. J'ai embrassé cette occasion-ci de me mettre à mon aise; et je l'ai fait sur l'espérance de me voir bientôt délivré du barbon que je prends. C'est un homme qui mourra avant qu'il soit peu, et qui n'a tout au plus que six mois dans le ventre. Je vous le garantis défunt dans le temps que je dis; et je n'aurai pas longuement à demander pour moi au ciel l'heureux état de veuve.

(*à Sganarelle qu'elle aperçoit.*)

Ah! nous parlions de vous, et nous en disions tout le bien qu'on en saurait dire.

LYCASTE.

Est-ce là monsieur?

DORIMÈNE.

Oui, c'est monsieur qui me prend pour femme.

LYCASTE.

Agréez, monsieur, que je vous félicite de votre mariage, et vous présente en même temps mes très-humbles services : je vous assure que vous épousez là une très-honnête personne. Et vous, mademoiselle, je me réjouis avec vous aussi de l'heureux choix que vous avez fait : vous ne pouviez pas mieux trouver; et monsieur a toute la mine d'être un fort bon mari. Oui, monsieur, je veux faire amitié avec vous, et lier ensemble un petit commerce de visites et de divertissements.

DORIMÈNE.

C'est trop d'honneur que vous nous faites à tous deux. Mais allons, le temps me presse, et nous aurons tout le loisir de nous entretenir ensemble.

SCÈNE XIII.

SGANARELLE, *seul.*

Me voilà tout-à-fait dégoûté de mon mariage; et je crois que je ne ferai pas mal de m'aller dégager de ma parole. Il m'en a coûté quelque argent; mais il vaut mieux encore perdre cela que de m'exposer à quelque chose de pis. Tâchons adroitement de nous débarrasser de cette affaire. Holà!

(*Il frappe à la porte de la maison d'Alcantor.*)

SCÈNE XIV.

ALCANTOR, SGANARELLE.

ALCANTOR.

Ah! mon gendre, soyez le bien venu.

SGANARELLE.

Monsieur, votre serviteur.

ALCANTOR.

Vous venez pour conclure le mariage?

SGANARELLE.

Excusez-moi.

LE MARIAGE FORCÉ.

ALCANTOR.

Je vous promets que j'en ai autant d'impatience que vous.

SGANARELLE.

Je viens ici pour un autre sujet.

ALCANTOR.

J'ai donné ordre à toutes les choses nécessaires pour cette fête.

SGANARELLE.

Il n'est pas question de cela.

ALCANTOR.

Les violons sont retenus, le festin est commandé, et ma fille est parée pour vous recevoir.

SGANARELLE.

Ce n'est pas ce qui m'amène.

ALCANTOR.

Enfin vous allez être satisfait ; et rien ne peut retarder votre contentement.

SGANARELLE.

Mon dieu ! c'est autre chose.

ALCANTOR.

Allons, entrez donc, mon gendre.

SGANARELLE.

J'ai un petit mot à vous dire.

ALCANTOR.

Ah ! mon dieu ! ne faisons point de cérémonie. Entrez vîte, s'il vous plaît.

SGANARELLE.

Non, vous dis-je. Je veux vous parler auparavant.

SCÈNE XIV.

ALCANTOR.

Vous voulez me dire quelque chose?

SGANARELLE.

Oui.

ALCANTOR.

Et quoi?

SGANARELLE.

Seigneur Alcantor, j'ai demandé votre fille en mariage, il est vrai, et vous me l'avez accordée; mais je me trouve un peu avancé en âge pour elle, et je considère que je ne suis point du tout son fait.

ALCANTOR.

Pardonnez-moi, ma fille vous trouve bien comme vous êtes; et je suis sûr qu'elle vivra fort contente avec vous.

SGANARELLE.

Point. J'ai par fois des bizarreries épouvantables, et elle aurait trop à souffrir de ma mauvaise humeur.

ALCANTOR.

Ma fille a de la complaisance, et vous verrez qu'elle s'accommodera entièrement à vous.

SGANARELLE.

J'ai quelques infirmités sur mon corps qui pourraient la dégoûter.

ALCANTOR.

Cela n'est rien. Une honnête femme ne se dégoûte jamais de son mari.

SGANARELLE.

Enfin voulez-vous que je vous dise? je ne vous conseille point de me la donner.

ALCANTOR.

Vous moquez-vous? J'aimerais mieux mourir que d'avoir manqué à ma parole.

SGANARELLE.

Mon dieu! je vous en dispense; et je...

ALCANTOR.

Point du tout. Je vous l'ai promise; et vous l'aurez en dépit de tous ceux qui y prétendent.

SGANARELLE, à part.

Que diable!

ALCANTOR.

Voyez-vous? j'ai une estime et une amitié pour vous toute particulière; et je refuserai ma fille à un prince pour vous la donner.

SGANARELLE.

Seigneur Alcantor, je vous suis obligé de l'honneur que vous me faites; mais je vous déclare que je ne veux point me marier.

ALCANTOR.

Qui? vous?

SGANARELLE.

Oui, moi.

ALCANTOR.

Et la raison?

SGANARELLE.

La raison? c'est que je ne me sens pas propre pour le mariage, et que je veux imiter mon père et tous ceux de ma race, qui ne se sont jamais voulu marier.

ALCANTOR.

Ecoutez. Les volontés sont libres; et je suis homme à ne contraindre jamais personne. Vous vous êtes engagé avec moi pour épouser ma fille, et tout est préparé pour cela : mais, puisque vous voulez retirer votre parole, je vais voir ce qu'il y a à faire; et vous aurez bientôt de mes nouvelles.

SCÈNE XV.

SGANARELLE, seul.

Encore est-il plus raisonnable que je ne pensais, et je croyais avoir bien plus de peine à m'en dégager. Ma foi, quand j'y songe, j'ai fait fort sagement de me tirer de cette affaire; et j'allais faire un pas dont je me serais peut-être long-temps repenti. Mais voici le fils qui me vient rendre réponse.

SCÈNE XVI.

ALCIDAS, SGANARELLE.

ALCIDAS, *d'un ton doucereux.*

Monsieur, je suis votre serviteur très-humble.

SGANARELLE.

Monsieur, je suis le vôtre de tout mon cœur.

ALCIDAS, *toujours avec le même ton.*

Mon père m'a dit, monsieur, que vous vous

étiez venu dégager de la parole que vous aviez donnée.

SGANARELLE.

Oui, monsieur. C'est avec regret ; mais...

ALCIDAS.

Oh ! monsieur, il n'y a pas de mal à cela.

SGANARELLE.

J'en suis fâché, je vous assure ; et je souhaiterais...

ALCIDAS.

Cela n'est rien, vous dis-je.

(*Alcidas présente à Sganarelle deux épées.*)
Monsieur, prenez la peine de choisir de ces deux épées laquelle vous voulez.

SGANARELLE.

De ces deux épées ?

ALCIDAS.

Oui, s'il vous plaît.

SGANARELLE.

A quoi bon ?

ALCIDAS.

Monsieur, comme vous refusez d'épouser ma sœur après la parole donnée, je crois que vous ne trouverez pas mauvais le petit compliment que je viens vous faire.

SGANARELLE.

Comment ?

ALCIDAS.

D'autres gens feraient plus de bruit, et s'emporteraient contre vous : mais nous sommes personnes à traiter les choses dans la douceur; et je viens vous dire civilement qu'il faut, si vous le trouvez bon, que nous nous coupions la gorge ensemble.

SGANARELLE.

Voilà un compliment fort mal tourné.

ALCIDAS.

Allons, monsieur, choisissez, je vous prie.

SGANARELLE.

Je suis votre valet, je n'ai point de gorge à me couper. (*à part.*) La vilaine façon de parler que voilà!

ALCIDAS.

Monsieur, il faut que cela soit, s'il vous plaît.

SGANARELLE.

Hé! monsieur, rengainez ce compliment, je vous prie.

ALCIDAS.

Dépêchons vite, monsieur. J'ai une petite affaire qui m'attend.

SGANARELLE.

Je ne veux point de cela, vous dis-je.

ALCIDAS.

Vous ne voulez pas vous battre?

SGANARELLE.

Nenni, ma foi.

ALCIDAS.

Tout de bon?

SGANARELLE.

Tout de bon.

ALCIDAS, *après lui avoir donné des coups de bâton.*

Au moins, monsieur, vous n'avez pas lieu de vous plaindre; et vous voyez que je fais les choses dans l'ordre. Vous nous manquez de parole, je me veux battre contre vous; vous refusez de vous battre, je vous donne des coups de bâton : tout cela est dans les formes; et vous êtes trop honnête homme pour ne pas approuver mon procédé.

SGANARELLE, *à part.*

Quel diable d'homme est-ce ci?

ALCIDAS *lui présente encore les deux épées.*

Allons, monsieur, faites les choses galamment, et sans vous faire tirer l'oreille.

SGANARELLE.

Encore?

ALCIDAS.

Monsieur, je ne contrains personne; mais il faut que vous vous battiez, ou que vous épousiez ma sœur.

SGANARELLE.

Monsieur, je ne puis faire ni l'un ni l'autre, je vous assure.

ALCIDAS.

Assurément?

SGANARELLE.

Assurément.

ALCIDAS.

Avec votre permission donc...

(*Alcidas lui donne encore des coups de bâton.*)

SCÈNE XVII.

SGANARELLE.

Ah! ah! ah!

ALCIDAS.

Monsieur, j'ai tous les regrets du monde d'être obligé d'en user ainsi avec vous; mais je ne cesserai point, s'il vous plaît, que vous n'ayez promis de vous battre, ou d'épouser ma sœur.

(*Alcidas lève le bâton.*)

SGANARELLE.

Hé bien! j'épouserai, j'épouserai.

ALCIDAS.

Ah! monsieur, je suis ravi que vous vous mettiez à la raison, et que les choses se passent doucement : car enfin vous êtes l'homme du monde que j'estime le plus, je vous jure; et j'aurais été au désespoir que vous m'eussiez contraint à vous maltraiter. Je vais appeler mon père pour lui dire que tout est d'accord.

(*Il va frapper à la porte d'Alcantor.*)

SCÈNE XVII.

ALCANTOR, DORIMÈNE, ALCIDAS, SGANARELLE.

ALCIDAS.

Mon père, voilà monsieur qui est tout-à-fait raisonnable. Il a voulu faire les choses de bonne grâce, et vous pouvez lui donner ma sœur.

ALCANTOR.

Monsieur, voilà sa main, vous n'avez qu'à donner la vôtre. Loué soit le ciel! m'en voilà déchargé, et c'est vous désormais que regarde le soin de sa conduite. Allons nous réjouir et célébrer cet heureux mariage.

FIN DU MARIAGE FORCÉ.

LE MISANTHROPE,

COMÉDIE

EN CINQ ACTES.

1666.

PERSONNAGES.

ALCESTE, amant de Célimène.
PHILINTE, ami d'Alceste.
ORONTE, amant de Célimène.
CÉLIMÈNE, amante d'Alceste.
ELIANTE, cousine de Célimène.
ARSINOÉ, amie de Célimène.
ACASTE,   } marquis.
CLITANDRE, }
BASQUE, valet de Célimène.
UN GARDE de la maréchaussée de France.
DUBOIS, valet d'Alceste.

La scène est à Paris, dans la maison de Célimène.

LE MISANTHROPE,
COMÉDIE.

ACTE PREMIER.
SCÈNE I.
PHILINTE, ALCESTE.

PHILINTE.

Qu'est-ce donc? qu'avez-vous?

ALCESTE, *assis*.

Laissez-moi, je vous prie.

PHILINTE.

Mais encor, dites-moi, quelle bizarrerie...

ALCESTE.

Laissez-moi là, vous dis-je, et courez vous cacher.

PHILINTE.

Mais on entend les gens, au moins, sans se fâcher.

ALCESTE.

Moi, je veux me fâcher, et ne veux point entendre.

PHILINTE.

Dans vos brusques chagrins je ne puis vous comprendre.

Et, quoiqu'amis, enfin, je suis tout des premiers....

ALCESTE, *se levant brusquement.*
Moi, votre ami! rayez cela de vos papiers.
J'ai fait jusques ici profession de l'être;
Mais, après ce qu'en vous je viens de voir paraître,
Je vous déclare net que je ne le suis plus,
Et ne veux nulle place en des cœurs corrompus.

PHILINTE.

Je suis donc bien coupable, Alceste, à votre compte?

ALCESTE.

Allez, vous devriez mourir de pure honte;
Une telle action ne saurait s'excuser,
Et tout homme d'honneur s'en doit scandaliser.
Je vous vois accabler un homme de caresses,
Et témoigner pour lui les dernières tendresses;
De protestations, d'offres et de serments,
Vous chargez la fureur de vos embrassements:
Et quand je vous demande après quel est cet homme,
A peine pouvez-vous dire comme il se nomme;
Votre chaleur pour lui tombe en vous séparant,
Et vous me le traitez, à moi, d'indifférent!
Morbleu! c'est une chose indigne, lâche, infâme,
De s'abaisser ainsi jusqu'à trahir son ame;
Et si, par un malheur, j'en avais fait autant,
Je m'irais, de regret, pendre tout à l'instant.

PHILINTE.

Je ne vois pas, pour moi, que le cas soit pendable;
Et je vous supplierai d'avoir pour agréable
Que je me fasse un peu grâce sur votre arrêt,
Et ne me pende pas pour cela, s'il vous plaît.

ACTE I, SCÈNE I.

ALCESTE.
Que la plaisanterie est de mauvaise grâce !
PHILINTE.
Mais, sérieusement, que voulez-vous qu'on fasse ?
ALCESTE.
Je veux qu'on soit sincère, et qu'en homme d'hon-
 neur,
On ne lâche aucun mot qui ne parte du cœur.
PHILINTE.
Lorsqu'un homme vous vient embrasser avec joie,
Il faut bien le payer de la même monnoie,
Répondre comme on peut à ses empressements,
Et rendre offre pour offre, et serments pour ser-
 ments.
ALCESTE.
Non, je ne puis souffrir cette lâche méthode,
Qu'affectent la plupart de vos gens à la mode ;
Et je ne hais rien tant que les contorsions
De tous ces grands faiseurs de protestations,
Ces affables donneurs d'embrassades frivoles,
Ces obligeants diseurs d'inutiles paroles,
Qui de civilités avec tous font combat,
Et traitent du même air l'honnête homme et le fat.
Quel avantage a-t-on qu'un homme vous caresse,
Vous jure amitié, foi, zèle, estime, tendresse,
Et vous fasse de vous un éloge éclatant,
Lorsqu'au premier faquin il court en faire autant ?
Non, non, il n'est pas d'ame un peu bien située
Qui veuille d'une estime ainsi prostituée ;
Et la plus glorieuse a des régals peu chers,

Dès qu'on voit qu'on nous mêle avec tout l'univers
Sur quelque préférence une estime se fonde,
Et c'est n'estimer rien qu'estimer tout le monde.
Puisque vous y donnez, dans ces vices du temps,
Morbleu ! vous n'êtes pas pour être de mes gens ;
Je refuse d'un cœur la vaste complaisance,
Qui ne fait de mérite aucune différence :
Je veux qu'on me distingue ; et, pour le trancher net,
L'ami du genre humain n'est point du tout mon fait.

PHILINTE.

Mais quand on est du monde il faut bien que l'on
    rende
Quelques dehors civils que l'usage demande.

ALCESTE.

Non, vous dis-je ; on devrait châtier sans pitié
Ce commerce honteux de semblant d'amitié.
Je veux que l'on soit homme, et qu'en toute ren-
    contre
Le fond de notre cœur dans nos discours se montre ;
Que ce soit lui qui parle, et que nos sentiments
Ne se masquent jamais sous de vains compliments.

PHILINTE.

Il est bien des endroits où la pleine franchise
Deviendrait ridicule, et serait peu permise ;
Et, par fois, n'en déplaise à votre austère honneur,
Il est bon de cacher ce qu'on a dans le cœur.
Serait-il à propos et de la bienséance
De dire à mille gens tout ce que d'eux on pense ?
Et quand on a quelqu'un qu'on hait, ou qui déplaît,
Lui doit-on déclarer la chose comme elle est ?

ACTE I, SCÈNE I.

ALCESTE.

Oui.

PHILINTE.

Quoi ! vous iriez dire à la vieille Emilie
Qu'à son âge il sied mal de faire la jolie,
Et que le blanc qu'elle a scandalise chacun ?

ALCESTE.

Sans doute.

PHILINTE.

A Dorilas, qu'il est trop importun,
Et qu'il n'est à la cour oreille qu'il ne lasse
A conter sa bravoure et l'éclat de sa race ?

ALCESTE.

Fort bien.

PHILINTE.

Vous vous moquez.

ALCESTE.

Je ne me moque point ;
Et je vais n'épargner personne sur ce point :
Mes yeux sont trop blessés ; et la cour et la ville
Ne m'offrent rien qu'objets à m'échauffer la bile.
J'entre en une humeur noire, en un chagrin profond,
Quand je vois vivre entre eux les hommes comme ils font.
Je ne trouve partout que lâche flatterie,
Qu'injustice, intérêt, trahison, fourberie :
Je n'y puis plus tenir, j'enrage ; et mon dessein
Est de rompre en visière à tout le genre humain.

PHILINTE.

Ce chagrin philosophe est un peu trop sauvage.

Je ris des noirs accès où je vous envisage ;
Et crois voir en nous deux, sous mêmes soins nourris,
Ces deux frères que peint l'Ecole des Maris,
Dont...

ALCESTE.
Mon dieu ! laissons là vos comparaisons fades.

PHILINTE.
Non : tout de bon, quittez toutes ces incartades ;
Le monde par vos soins ne se changera pas.
Et puisque la franchise a pour vous tant d'appas,
Je vous dirai tout franc que cette maladie
Partout où vous allez donne la comédie ;
Et qu'un si grand courroux contre les mœurs du temps
Vous tourne en ridicule auprès de bien des gens.

ALCESTE.
Tant mieux, morbleu ! tant mieux ; c'est ce que je demande :
Ce m'est un fort bon signe, et ma joie en est grande.
Tous les hommes me sont à tel point odieux
Que je serais fâché d'être sage à leurs yeux.

PHILINTE.
Vous voulez un grand mal à la nature humaine ?

ALCESTE.
Oui, j'ai conçu pour elle une effroyable haine.

PHILINTE.
Tous les pauvres mortels, sans nulle exception,
Seront enveloppés dans cette aversion ?
Encore en est-il bien dans le siècle où nous sommes...

ALCESTE.

Non, elle est générale, et je hais tous les hommes :
Les uns, parce qu'ils sont méchants et malfaisants ;
Et les autres, pour être aux méchants complaisants,
Et n'avoir pas pour eux ces haines vigoureuses
Que doit donner le vice aux ames vertueuses.
De cette complaisance on voit l'injuste excès
Pour le franc scélérat avec qui j'ai procès.
Au travers de son masque on voit à plein le traître,
Partout il est connu pour tout ce qu'il peut être ;
Et ses roulements d'yeux et son ton radouci
N'imposent qu'à des gens qui ne sont point d'ici.
On sait que ce pied-plat, digne qu'on le confonde,
Par de sales emplois s'est poussé dans le monde ;
Et que par eux son sort de splendeur revêtu,
Fait gronder le mérite et rougir la vertu.
Quelques titres honteux qu'en tous lieux on lui
    donne,
Son misérable honneur ne voit pour lui personne :
Nommez-le fourbe, infâme, et scélérat maudit,
Tout le monde en convient, et nul n'y contredit.
Cependant sa grimace est partout bien venue,
On l'accueille, on lui rit, partout il s'insinue ;
Et s'il est par la brigue un rang à disputer,
Sur le plus honnête homme on le voit l'emporter.
Têtebleu ! ce me sont de mortelles blessures
De voir qu'avec le vice on garde des mesures ;
Et par fois il me prend des mouvements soudains
De fuir dans un désert l'approche des humains.

PHILINTE.

Mon dieu ! des mœurs du temps mettons-nous moins en peine,
Et faisons un peu grâce à la nature humaine ;
Ne l'examinons point dans la grande rigueur,
Et voyons ses défauts avec quelque douceur.
Il faut parmi le monde une vertu traitable ;
A force de sagesse on peut être blâmable :
La parfaite raison fuit toute extrémité,
Et veut que l'on soit sage avec sobriété.
Cette grande roideur des vertus des vieux âges
Heurte trop notre siècle et les communs usages ;
Elle veut aux mortels trop de perfection :
Il faut fléchir au temps sans obstination ;
Et c'est une folie, à nulle autre seconde,
De vouloir se mêler de corriger le monde.
J'observe, comme vous, cent choses tous les jours
Qui pourraient mieux aller prenant un autre cours ;
Mais, quoi qu'à chaque pas je puisse voir paraître,
En courroux, comme vous, on ne me voit point être.
Je prends tout doucement les hommes comme ils sont,
J'accoutume mon ame à souffrir ce qu'ils font ;
Et je crois qu'à la cour, de même qu'à la ville,
Mon flegme est philosophe autant que votre bile.

ALCESTE.

Mais ce flegme, monsieur qui raisonnez si bien,
Ce flegme pourra-t-il ne s'échauffer de rien ?
Et s'il faut par hasard qu'un ami vous trahisse,

Que pour avoir vos biens on dresse un artifice,
Ou qu'on tâche à semer de méchants bruits de vous,
Verrez-vous tout cela sans vous mettre en courroux?
PHILINTE.
Oui : je vois ces défauts dont votre ame murmure,
Comme vices unis à l'humaine nature;
Et mon esprit enfin n'est pas plus offensé
De voir un homme fourbe, injuste, intéressé,
Que de voir des vautours affamés de carnage,
Des singes malfaisants, et des loups pleins de rage.
ALCESTE.
Je me verrai trahir, mettre en pièces, voler,
Sans que je sois... Morbleu! je ne veux point parler,
Tant ce raisonnement est plein d'impertinence!
PHILINTE.
Ma foi, vous feriez bien de garder le silence.
Contre votre partie éclatez un peu moins,
Et donnez au procès une part de vos soins.
ALCESTE.
Je n'en donnerai point, c'est une chose dite.
PHILINTE.
Mais qui voulez-vous donc qui pour vous sollicite?
ALCESTE.
Qui je veux? La raison, mon bon droit, l'équité.
PHILINTE.
Aucun juge par vous ne sera visité?
ALCESTE.
Non. Est-ce que ma cause est injuste ou douteuse?
PHILINTE.
J'en demeure d'accord : mais la brigue est fâcheuse,

Et....
ALCESTE.
Non, j'ai résolu de n'en pas faire un pas,
J'ai tort, ou j'ai raison.
PHILINTE.
Ne vous y fiez pas.
ALCESTE.
Je ne remuerai point.
PHILINTE.
Votre partie est forte,
Et peut, par sa cabale, entrainer...
ALCESTE.
Il n'importe.
PHILINTE.
Vous vous tromperez.
ALCESTE.
Soit. J'en veux voir le succès.
PHILINTE.
Mais...
ALCESTE.
J'aurai le plaisir de perdre mon procès.
PHILINTE.
Mais enfin...
ALCESTE.
Je verrai dans cette plaiderie
Si les hommes auront assez d'effronterie,
Seront assez méchants, scélérats et pervers,
Pour me faire injustice aux yeux de l'univers.
PHILINTE.
Quel homme !

ACTE I, SCÈNE I.

ALCESTE.

Je voudrais, m'en coûtât-il grand'chose,
Pour la beauté du fait, avoir perdu ma cause.

PHILINTE.

On se rirait de vous, Alceste, tout de bon,
Si l'on vous entendait parler de la façon.

ALCESTE.

Tant pis pour qui rirait.

PHILINTE.

Mais cette rectitude
Que vous voulez en tout avec exactitude,
Cette pleine droiture où vous vous renfermez,
La trouvez-vous ici dans ce que vous aimez?
Je m'étonne, pour moi, qu'étant, comme il le semble,
Vous et le genre humain si fort brouillés ensemble,
Malgré tout ce qui peut vous le rendre odieux,
Vous ayez pris chez lui ce qui charme vos yeux;
Et ce qui me surprend encore davantage,
C'est cet étrange choix où votre cœur s'engage.
La sincère Eliante a du penchant pour vous,
La prude Arsinoé vous voit d'un œil fort doux;
Cependant à leurs vœux votre ame se refuse,
Tandis qu'en ses liens Célimène l'amuse,
De qui l'humeur coquette et l'esprit médisant
Semblent si fort donner dans les mœurs d'à-présent.
D'où vient que, leur portant une haine mortelle,
Vous pouvez bien souffrir ce qu'en tient cette belle?
Ne sont-ce plus défauts dans un objet si doux?
Ne les voyez-vous pas, ou les excusez-vous?

ALCESTE.
Non : l'amour que je sens pour cette jeune veuve
Ne ferme point mes yeux aux défauts qu'on lui treuve ;
Et je suis, quelque ardeur qu'elle m'ait pu donner,
Le premier à les voir, comme à les condamner.
Mais, avec tout cela, quoi que je puisse faire,
Je confesse mon faible ; elle a l'art de me plaire :
J'ai beau voir ses défauts, et j'ai beau l'en blâmer,
En dépit qu'on en ait elle se fait aimer,
Sa grâce est la plus forte ; et sans doute ma flamme
De ces vices du temps pourra purger son ame.

PHILINTE.
Si vous faites cela, vous ne ferez pas peu.
Vous croyez être donc aimé d'elle?

ALCESTE.
Oui, parbleu !
Je ne l'aimerais pas si je ne croyais l'être.

PHILINTE.
Mais, si son amitié pour vous se fait paraître,
D'où vient que vos rivaux vous causent de l'ennui?

ALCESTE.
C'est qu'un cœur bien atteint veut qu'on soit tout à lui ;
Et je ne viens ici qu'à dessein de lui dire
Tout ce que là-dessus ma passion m'inspire.

PHILINTE.
Pour moi, si je n'avais qu'à former des désirs,
Sa cousine Eliante aurait tous mes soupirs ;
Son cœur, qui vous estime, est solide et sincère,

Et ce choix plus conforme était mieux votre affaire.
ALCESTE.
Il est vrai; ma raison me le dit chaque jour :
Mais la raison n'est pas ce qui règle l'amour.
PHILINTE.
Je crains fort pour vos feux; et l'espoir où vous êtes
Pourrait...

SCÈNE II.

ORONTE, ALCESTE, PHILINTE.

ORONTE, à *Alceste*.

J'ai su là-bas que, pour quelques emplettes,
Eliante est sortie, et Célimène aussi;
Mais comme l'on m'a dit que vous étiez ici,
J'ai monté pour vous dire, et d'un cœur véritable,
Que j'ai conçu pour vous une estime incroyable,
Et que depuis long-temps cette estime m'a mis
Dans un ardent désir d'être de vos amis.
Oui, mon cœur au mérite aime à rendre justice,
Et je brûle qu'un nœud d'amitié nous unisse.
Je crois qu'un ami chaud, et de ma qualité,
N'est pas assurément pour être rejeté.

(*Pendant le discours d'Oronte, Alceste est rêveur, sans faire attention que c'est à lui qu'on parle, et ne sort de sa rêverie que quand Oronte lui dit :*)
C'est à vous, s'il vous plaît, que ce discours s'adresse.
ALCESTE.
A moi, monsieur?

ORONTE.
A vous. Trouvez-vous qu'il vous blesse ?
ALCESTE.
Non pas. Mais la surprise est fort grande pour moi;
Et je n'attendais pas l'honneur que je reçoi.
ORONTE.
L'estime où je vous tiens ne doit point vous sur-
 prendre,
Et de tout l'univers vous la pouvez prétendre.
ALCESTE.
Monsieur...
ORONTE.
L'état n'a rien qui ne soit au-dessous
Du mérite éclatant que l'on découvre en vous.
ALCESTE.
Monsieur...
ORONTE.
Oui, de ma part, je vous tiens préférable
A tout ce que j'y vois de plus considérable.
ALCESTE.
Monsieur...
ORONTE.
Sois-je du ciel écrasé si je mens !
Et pour vous confirmer ici mes sentiments,
Souffrez qu'à cœur ouvert, monsieur, je vous em-
 brasse,
Et qu'en votre amitié je vous demande place.
Touchez là, s'il vous plaît. Vous me la promettez,
Votre amitié ?

ACTE I, SCÈNE II.

ALCESTE.

Monsieur...

ORONTE.

Quoi! vous y résistez?

ALCESTE.

Monsieur, c'est trop d'honneur que vous me voulez faire :
Mais l'amitié demande un peu plus de mystère ;
Et c'est assurément en profaner le nom
Que de vouloir le mettre à toute occasion.
Avec lumière et choix cette union veut naître.
Avant que nous lier, il faut nous mieux connaître ;
Et nous pourrions avoir telles complexions,
Que tous deux du marché nous nous repentirions.

ORONTE.

Parbleu ! c'est là-dessus parler en homme sage,
Et je vous en estime encore davantage :
Souffrons donc que le temps forme des nœuds si doux.
Mais cependant je m'offre entièrement à vous :
S'il faut faire à la cour pour vous quelque ouverture,
On sait qu'auprès du roi je fais quelque figure ;
Il m'écoute, et dans tout il en use, ma foi,
Le plus honnêtement du monde avecque moi.
Enfin, je suis à vous de toutes les manières ;
Et, comme votre esprit a de grandes lumières,
Je viens, pour commencer entre nous ce beau nœud,
Vous montrer un sonnet que j'ai fait depuis peu,
Et savoir s'il est bon qu'au public je l'expose.

ALCESTE.
Monsieur, je suis mal propre à décider la chose,
Veuillez m'en dispenser.

ORONTE.
Pourquoi ?

ALCESTE.
J'ai le défaut
D'être un peu plus sincère en cela qu'il ne faut.

ORONTE.
C'est ce que je demande ; et j'aurais lieu de plainte,
Si, m'exposant à vous pour me parler sans feinte,
Vous alliez me trahir, et me déguiser rien.

ALCESTE.
Puisqu'il vous plaît ainsi, monsieur, je le veux bien.

ORONTE.
Sonnet. C'est un sonnet. *L'espoir...* C'est une dame
Qui de quelque espérance avait flatté ma flamme.
L'espoir... Ce ne sont point de ces grands vers
    pompeux,
Mais de petits vers doux, tendres et langoureux.

ALCESTE.
Nous verrons bien.

ORONTE.
L'espoir... Je ne sais si le style
Pourra vous en paraître assez net et facile,
Et si du choix des mots vous vous contenterez.

ALCESTE.
Nous allons voir, monsieur.

ORONTE.
Au reste, vous saurez

ACTE I, SCÈNE II.

Que je n'ai demeuré qu'un quart-d'heure à le faire.

ALCESTE.

Voyons, monsieur; le temps ne fait rien à l'affaire.

ORONTE *lit.*

L'espoir, il est vrai, nous soulage,
Et nous berce un temps notre ennui :
Mais, Philis, le triste avantage,
Lorsque rien ne marche après lui !

PHILINTE.

Je suis déjà charmé de ce petit morceau.

ALCESTE, *bas, à Philinte.*

Quoi ! vous avez le front de trouver cela beau !

ORONTE.

Vous eûtes de la complaisance;
Mais vous en deviez moins avoir,
Et ne vous pas mettre en dépense,
Pour ne me donner que l'espoir.

PHILINTE.

Ah ! qu'en termes galants ces choses-là sont mises !

ALCESTE, *bas, à Philinte.*

Hé quoi ! vil complaisant, vous louez des sottises !

ORONTE.

S'il faut qu'une attente éternelle
Pousse à bout l'ardeur de mon zèle,
Le trépas sera mon recours.
Vos soins ne m'en peuvent distraire :
Belle Philis, on désespère
Alors qu'on espère toujours.

PHILINTE.
La chute en est jolie, amoureuse, admirable.
ALCESTE, *bas, à part.*
La peste de ta chute! empoisonneur, au diable!
En eusses-tu fait une à te casser le nez!
PHILINTE.
Je n'ai jamais ouï de vers si bien tournés.
ALCESTE, *bas, à part.*
Morbleu!
ORONTE, *à Philinte.*
Vous me flattez, et vous croyez peut-être...
PHILINTE.
Non, je ne flatte point.
ALCESTE, *bas, à part.*
Hé! que fais-tu donc, traître?
ORONTE, *à Alceste.*
Mais, pour vous, vous savez quel est notre traité :
Parlez-moi, je vous prie, avec sincérité.
ALCESTE.
Monsieur, cette matière est toujours délicate,
Et sur le bel esprit nous aimons qu'on nous flatte.
Mais un jour à quelqu'un, dont je tairai le nom,
Je disais, en voyant des vers de sa façon,
Qu'il faut qu'un galant homme ait toujours grand empire
Sur les démangeaisons qui nous prennent d'écrire;
Qu'il doit tenir la bride aux grands empressements
Qu'on a de faire éclat de tels amusements;
Et que, par la chaleur de montrer ses ouvrages,
On s'expose à jouer de mauvais personnages.

ORONTE.
Est-ce que vous voulez me déclarer par-là
Que j'ai tort de vouloir...
ALCESTE.
Je ne dis pas cela.
Mais je lui disais, moi, qu'un froid écrit assomme;
Qu'il ne faut que ce faible à décrier un homme;
Et qu'eût-on d'autre part cent belles qualités,
On regarde les gens par leurs méchants côtés.
ORONTE.
Est-ce qu'à mon sonnet vous trouvez à redire?
ALCESTE.
Je ne dis pas cela. Mais, pour ne point écrire,
Je lui mettais aux yeux comme dans notre temps
Cette soif a gâté de fort honnêtes gens.
ORONTE.
Est-ce que j'écris mal? et leur ressemblerais-je?
ALCESTE.
Je ne dis pas cela. Mais enfin, lui disais-je,
Quel besoin si pressant avez-vous de rimer?
Et qui diantre vous pousse à vous faire imprimer?
Si l'on peut pardonner l'essor d'un mauvais livre,
Ce n'est qu'aux malheureux qui composent pour vivre.
Croyez-moi, résistez à vos tentations,
Dérobez au public ces occupations;
Et n'allez point quitter, de quoi que l'on vous somme,
Le nom que, dans la cour, vous avez d'honnête homme,

Pour prendre de la main d'un avide imprimeur,
Celui de ridicule et misérable auteur.
C'est ce que je tâchai de lui faire comprendre.
ORONTE.
Voilà qui va fort bien, et je crois vous entendre.
Mais ne puis-je savoir ce que dans mon sonnet...
ALCESTE.
Franchement, il est bon à mettre au cabinet.
Vous vous êtes réglé sur de méchants modèles,
Et vos expressions ne sont point naturelles.

> *Qu'est-ce que* nous berce un temps notre ennui?
> *Et que*, rien ne marche après lui?
> *Que*, ne vous pas mettre en dépense,
> Pour ne me donner que l'espoir?
> *Et que*, Philis, on désespère
> Alors qu'on espère toujours?

Ce style figuré dont on fait vanité
Sort du bon caractère et de la vérité;
Ce n'est que jeu de mots, qu'affectation pure,
Et ce n'est point ainsi que parle la nature.
Le méchant goût du siècle en cela me fait peur:
Nos pères, tout grossiers, l'avaient beaucoup meilleur;
Et je prise bien moins tout ce que l'on admire,
Qu'une vieille chanson que je m'en vais vous dire:

> Si le roi m'avait donné
> Paris sa grand'ville,
> Et qu'il me fallût quitter

ACTE I, SCÈNE II.

> L'amour de ma mie,
> Je dirais au roi Henri :
> Reprenez votre Paris,
> J'aime mieux ma mie, oh gay!
> J'aime mieux ma mie.

La rime n'est pas riche, et le style en est vieux :
Mais ne voyez-vous pas que cela vaut bien mieux
Que ces colifichets dont le bon sens murmure,
Et que la passion parle là toute pure ?

> Si le roi m'avait donné
> Paris sa grand'ville,
> Et qu'il me fallût quitter
> L'amour de ma mie,
> Je dirais au roi Henri :
> Reprenez votre Paris,
> J'aime mieux ma mie, oh gay!
> J'aime mieux ma mie.

Voilà ce que peut dire un cœur vraiment épris.
 (*à Philinte qui rit.*)
Oui, monsieur le rieur, malgré vos beaux esprits,
J'estime plus cela que la pompe fleurie
De tous ces faux brillants où chacun se récrie.

ORONTE.

Et moi, je vous soutiens que mes vers sont fort bons.

ALCESTE.

Pour les trouver ainsi vous avez vos raisons :

Mais vous trouverez bon que j'en puisse avoir d'autres
Qui se dispenseront de se soumettre aux vôtres.
ORONTE.
Il me suffit de voir que d'autres en font cas.
ALCESTE.
C'est qu'ils ont l'art de feindre; et moi, je ne l'ai pas.
ORONTE.
Croyez-vous donc avoir tant d'esprit en partage?
ALCESTE.
Si je louais vos vers, j'en aurais davantage.
ORONTE.
Je me passerai fort que vous les approuviez.
ALCESTE.
Il faut bien, s'il vous plaît, que vous vous en passiez.
ORONTE.
Je voudrais bien, pour voir, que de votre manière
Vous en composassiez sur la même matière.
ALCESTE.
J'en pourrais, par malheur, faire d'aussi méchants;
Mais je me garderais de les montrer aux gens.
ORONTE.
Vous me parlez bien ferme; et cette suffisance...
ALCESTE.
Autre part que chez moi cherchez qui vous encense.
ORONTE.
Mais, mon petit monsieur, prenez-le un peu moins haut.

ACTE I, SCÈNE III. 175
ALCESTE.
Ma foi, mon grand monsieur, je le prends comme
il faut.
PHILINTE, *se mettant entre deux.*
Hé ! messieurs, c'en est trop. Laissez cela, de grâce.
ORONTE.
Ah ! j'ai tort, je l'avoue, et je quitte la place.
Je suis votre valet, monsieur, de tout mon cœur.
ALCESTE.
Et moi, je suis, monsieur, votre humble serviteur.

SCÈNE III.
PHILINTE, ALCESTE.
PHILINTE.
Hé bien ! vous le voyez : pour être trop sincère,
Vous voilà sur les bras une fâcheuse affaire ;
Et j'ai bien vu qu'Oronte, afin d'être flatté...
ALCESTE.
Ne me parlez pas.
PHILINTE.
Mais...
ALCESTE.
Plus de société.
PHILINTE.
C'est trop...
ALCESTE.
Laissez-moi là.
PHILINTE.
Si je...

ALCESTE.
Point de langage.
PHILINTE.
Mais quoi!...
ALCESTE.
Je n'entends rien.
PHILINTE.
Mais...
ALCESTE.
Encore!
PHILINTE.
On outrage...
ALCESTE.
Ah! parbleu! c'en est trop. Ne suivez point mes pas.
PHILINTE.
Vous vous moquez de moi; je ne vous quitte pas.

FIN DU PREMIER ACTE.

ACTE SECOND.

SCÈNE I.

ALCESTE, CÉLIMÈNE.

ALCESTE.
Madame, voulez-vous que je vous parle net ?
De vos façons d'agir je suis mal satisfait ;
Contre elles dans mon cœur trop de bile s'assemble,
Et je sens qu'il faudra que nous rompions ensemble.
Oui, je vous tromperais de parler autrement :
Tôt ou tard nous romprons indubitablement ;
Et je vous promettrais mille fois le contraire,
Que je ne serais pas en pouvoir de le faire.

CÉLIMÈNE.
C'est pour me quereller donc, à ce que je voi,
Que vous avez voulu me ramener chez moi ?

ALCESTE.
Je ne querelle point. Mais votre humeur, madame,
Ouvre au premier venu trop d'accès dans votre ame ;
Vous avez trop d'amants qu'on voit vous obséder ;
Et mon cœur de cela ne peut s'accommoder.

CÉLIMÈNE.
Des amants que je fais me rendez-vous coupable ?
Puis-je empêcher les gens de me trouver aimable ?
Et lorsque pour me voir ils font de doux efforts,
Dois-je prendre un bâton pour les mettre dehors ?

ALCESTE.

Non, ce n'est pas, madame, un bâton qu'il faut
 prendre,
Mais un cœur à leurs vœux moins facile et moins
 tendre.
Je sais que vos appas vous suivent en tous lieux;
Mais votre accueil retient ceux qu'attirent vos yeux;
Et sa douceur, offerte à qui vous rend les armes,
Achève sur les cœurs l'ouvrage de vos charmes.
Le trop riant espoir que vous leur présentez
Attache autour de vous leurs assiduités;
Et votre complaisance un peu moins étendue
De tant de soupirants chasserait la cohue.
Mais, au moins, dites-moi, madame, par quel sort
Votre Clitandre a l'heur de vous plaire si fort.
Sur quel fonds de mérite et de vertu sublime
Appuyez-vous en lui l'honneur de votre estime?
Est-ce par l'ongle long qu'il porte au petit doigt
Qu'il s'est acquis chez vous l'estime où l'on le voit?
Vous êtes-vous rendue, avec tout le beau monde,
Au mérite éclatant de sa perruque blonde?
Sont-ce ses grands canons qui vous le font aimer?
L'amas de ses rubans a-t-il su vous charmer?
Est-ce par les appas de sa vaste rheingrave
Qu'il a gagné votre ame en faisant votre esclave?
Ou sa façon de rire et son ton de fausset
Ont-ils de vous toucher su trouver le secret?

CÉLIMÈNE.

Qu'injustement de lui vous prenez de l'ombrage!
Ne savez-vous pas bien pourquoi je le ménage,

Et que, dans mon procès, ainsi qu'il m'a promis,
Il peut intéresser tout ce qu'il a d'amis ?
ALCESTE.
Perdez votre procès, madame, avec constance,
Et ne ménagez point un rival qui m'offense.
CÉLIMÈNE.
Mais de tout l'univers vous devenez jaloux !
ALCESTE.
C'est que tout l'univers est bien reçu de vous.
CÉLIMÈNE.
C'est ce qui doit rasseoir votre ame effarouchée,
Puisque ma complaisance est sur tous épanchée;
Et vous auriez plus lieu de vous en offenser
Si vous me la voyiez sur un seul ramasser.
ALCESTE.
Mais moi, que vous blâmez de trop de jalousie,
Qu'ai-je de plus qu'eux tous, madame, je vous prie?
CÉLIMÈNE.
Le bonheur de savoir que vous êtes aimé.
ALCESTE.
Et quel lieu de le croire a mon cœur enflammé?
CÉLIMÈNE.
Je pense qu'ayant pris le soin de vous le dire,
Un aveu de la sorte a de quoi vous suffire.
ALCESTE.
Mais qui m'assurera que, dans le même instant,
Vous n'en disiez peut-être aux autres tout autant ?
CÉLIMÈNE.
Certes, pour un amant la fleurette est mignonne,
Et vous me traitez là de gentille personne !

Hé bien ! pour vous ôter d'un semblable sou
De tout ce que j'ai dit je me dédis ici,
Et rien ne saurait plus vous tromper que vous-mê
Soyez content.

ALCESTE.

Morbleu ! faut-il que je vous aim
Ah ! que si de vos mains je rattrappe mon cœur
Je bénirai le ciel de ce rare bonheur !
Je ne le cèle pas, je fais tout mon possible
A rompre de ce cœur l'attachement terrible ;
Mais mes plus grands efforts n'ont rien fait jusqu'i
Et c'est pour mes péchés que je vous aime ainsi.

CÉLIMÈNE.

Il est vrai, votre ardeur est pour moi sans seconde

ALCESTE.

Oui, je puis là-dessus défier tout le monde.
Mon amour ne se peut concevoir ; et jamais
Personne n'a, madame, aimé comme je fais.

CÉLIMÈNE.

En effet, la méthode en est toute nouvelle,
Car vous aimez les gens pour leur faire querelle ;
Ce n'est qu'en mots fâcheux qu'éclate votre ardeur,
Et l'on n'a vu jamais un amour si grondeur.

ALCESTE.

Mais il ne tient qu'à vous que son chagrin ne passe.
A tous nos démêlés coupons chemin, de grace ;
Parlons à cœur ouvert, et voyons d'arrêter...

SCÈNE II.

CÉLIMÈNE, ALCESTE, BASQUE.

CÉLIMÈNE.

Qu'est-ce ?

BASQUE.

Acaste est là-bas.

CÉLIMÈNE.

Hé bien ! faites monter.

SCÈNE III.

CÉLIMÈNE, ALCESTE.

ALCESTE.

Quoi ! l'on ne peut jamais vous parler tête à tête !
A recevoir le monde on vous voit toujours prête !
Et vous ne pouvez pas, un seul moment de tous,
Vous résoudre à souffrir de n'être pas chez vous !

CÉLIMÈNE.

Voulez-vous qu'avec lui je me fasse une affaire ?

ALCESTE.

Vous avez des égards qui ne sauraient me plaire.

CÉLIMÈNE.

C'est un homme à jamais ne me le pardonner,
S'il savait que sa vue eût pu m'importuner.

ALCESTE.

Et que vous fait cela, pour vous gêner de sorte…

CÉLIMÈNE.

Mon dieu ! de ses pareils la bienveillance importe ;

Et ce sont de ces gens qui, je ne sais comment,
Ont gagné, dans la cour, de parler hautement.
Dans tous les entretiens on les voit s'introduire;
Ils ne sauraient servir, mais ils peuvent vous nuire;
Et jamais, quelque appui qu'on puisse avoir d'ailleurs,
On ne doit se brouiller avec ces grands brailleurs.

ALCESTE.

Enfin, quoi qu'il en soit, et sur quoi qu'on se fonde,
Vous trouvez des raisons pour souffrir tout le monde;
Et les précautions de votre jugement...

SCÈNE IV.

ALCESTE, CÉLIMÈNE, BASQUE.

BASQUE.

Voici Clitandre encor, madame.

ALCESTE.

Justement.

CÉLIMÈNE.

Où courez-vous ?

ALCESTE.

Je sors.

CÉLIMÈNE.

Demeurez.

ALCESTE.

Pour quoi faire ?

CÉLIMÈNE.

Demeurez.

ALCESTE.
Je ne puis.
CÉLIMÈNE.
Je le veux.
ALCESTE.
Point d'affaire :
Ces conversations ne font que m'ennuyer,
Et c'est trop que vouloir me les faire essuyer.
CÉLIMÈNE.
Je le veux, je le veux.
ALCESTE.
Non, il m'est impossible.
CÉLIMÈNE.
Hé bien! allez, sortez, il vous est tout loisible.

SCÈNE V.

ALCESTE, CÉLIMÈNE, ÉLIANTE, ACASTE, PHILINTE, CLITANDRE, BASQUE.

ÉLIANTE, *à Célimène.*
Voici les deux marquis qui montent avec nous.
Vous l'est-on venu dire?
CÉLIMÈNE.
(*à Basque.*)
Oui. Des siéges pour tous.
(*Basque donne des siéges, et sort.*)
(*à Alceste.*)
Vous n'êtes pas sorti?

ALCESTE.
Non ; mais je veux, madame,
Ou pour eux, ou pour moi, faire expliquer votre
 ame.
CÉLIMÈNE.
Taisez-vous.
ALCESTE.
Aujourd'hui, vous vous expliquerez.
CÉLIMÈNE.
Vous perdez le sens.
ALCESTE.
Point. Vous vous déclarerez.
CÉLIMÈNE.
Ah!
ALCESTE.
Vous prendrez parti.
CÉLIMÈNE.
Vous vous moquez, je pense.
ALCESTE.
Non : mais vous choisirez. C'est trop de patience.
CLITANDRE.
Parbleu! je viens du Louvre, où Cléonte, au levé,
Madame, a bien paru ridicule achevé.
N'a-t-il point quelque ami qui pût sur ses manières
D'un charitable avis lui prêter les lumières ?
CÉLIMÈNE.
Dans le monde, à vrai dire, il se barbouille fort :
Par-tout il porte un air qui saute aux yeux d'abord ;
Et lorsqu'on le revoit après un peu d'absence,
On le retrouve encor plus plein d'extravagance.

ACASTE.

Parbleu! s'il faut parler de gens extravagants,
Je viens d'en essuyer un des plus fatigants;
Damon le raisonneur, qui m'a, ne vous déplaise,
Une heure au grand soleil tenu hors de ma chaise.

CÉLIMÈNE.

C'est un parleur étrange, et qui trouve toujours
L'art de ne vous rien dire avec de grands discours :
Dans les propos qu'il tient on ne voit jamais goutte;
Et ce n'est que du bruit que tout ce qu'on écoute.

ÉLIANTE, *à Philinte.*

Ce début n'est pas mal; et contre le prochain
La conversation prend un assez bon train.

CLITANDRE.

Timanthe encor, madame, est un bon caractère.

CÉLIMÈNE.

C'est, de la tête aux pieds, un homme tout mystère,
Qui vous jette, en passant, un coup-d'œil égaré,
Et, sans aucune affaire, est toujours affairé.
Tout ce qu'il vous débite en grimaces abonde;
A force de façons il assomme le monde;
Sans cesse il a tout bas, pour rompre l'entretien,
Un secret à vous dire, et ce secret n'est rien;
De la moindre vétille il fait une merveille,
Et, jusques au bon jour, il dit tout à l'oreille.

ACASTE.

Et Géralde, madame?

CÉLIMÈNE.

O l'ennuyeux conteur?
Jamais on ne le voit sortir du grand seigneur.

Dans le brillant commerce il se mêle sans cesse,
Et ne cite jamais que duc, prince, ou princesse.
La qualité l'entête, et tous ses entretiens
Ne sont que de chevaux, d'équipage et de chiens :
Il tutoie, en parlant, ceux du plus haut étage,
Et le nom de monsieur est chez lui hors d'usage.

CLITANDRE.

On dit qu'avec Bélise il est du dernier bien.

CÉLIMÈNE.

Le pauvre esprit de femme, et le sec entretien !
Lorsqu'elle vient me voir, je souffre le martyre :
Il faut suer sans cesse à chercher que lui dire ;
Et la stérilité de son expression
Fait mourir à tous coups la conversation.
En vain, pour attaquer son stupide silence,
De tous les lieux communs vous prenez l'assistance ;
Le beau temps et la pluie, et le froid et le chaud,
Sont des fonds qu'avec elle on épuise bientôt.
Cependant sa visite, assez insupportable,
Traîne en une longueur encore épouvantable ;
Et l'on demande l'heure, et l'on bâille vingt fois,
Qu'elle s'émeut autant qu'une pièce de bois.

ACASTE.

Que vous semble d'Adraste ?

CÉLIMÈNE.

              Ah ! quel orgueil extrême !
C'est un homme gonflé de l'amour de soi-même :
Son mérite jamais n'est content de la cour ;
Contre elle il fait métier de pester chaque jour ;
Et l'on ne donne emploi, charge, ni bénéfice,

Qu'à tout ce qu'il se croit on ne fasse injustice.
CLITANDRE.
Mais le jeune Cléon, chez qui vont aujourd'hui
Nos plus honnêtes gens, que dites-vous de lui?
CÉLIMÈNE.
Que de son cuisinier il s'est fait un mérite,
Et que c'est à sa table à qui l'on rend visite.
ÉLIANTE.
Il prend soin d'y servir des mets fort délicats.
CÉLIMÈNE.
Oui; mais je voudrais bien qu'il ne s'y servît pas:
C'est un fort méchant plat que sa sotte personne,
Et qui gâte, à mon goût, tout les repas qu'il donne!
PHILINTE.
On fait assez de cas de son oncle Damis;
Qu'en dites-vous, madame?
CÉLIMÈNE.
      Il est de mes amis.
PHILINTE.
Je le trouve honnête homme, et d'un air assez sage.
CÉLIMÈNE.
Oui; mais il veut avoir trop d'esprit, dont j'enrage.
Il est guindé sans cesse; et, dans tous ses propos,
On voit qu'il se travaille à dire de bons mots.
Depuis que dans la tête il s'est mis d'être habile,
Rien ne touche son goût, tant il est difficile!
Il veut voir des défauts à tout ce qu'on écrit,
Et pense que louer n'est pas d'un bel esprit,
Que c'est être savant que trouver à redire,
Qu'il n'appartient qu'aux sots d'admirer et de rire,

Et qu'en n'approuvant rien des ouvrages du temps
Il se met audessus de tous les autres gens.
Aux conversations même il trouve à reprendre :
Ce sont propos trop bas pour y daigner descendre ;
Et, les deux bras croisés, du haut de son esprit
Il regarde en pitié tout ce que chacun dit.

ACASTE.

Dieu me damne! voilà son portrait véritable.

CLITANDRE, *à Célimène.*

Pour bien peindre les gens vous êtes admirable.

ALCESTE.

Allons, ferme! poussez, mes bons amis de cour.
Vous n'en épargnez point et chacun a son tour :
Cependant aucun d'eux à vos yeux ne se montre,
Qu'on ne vous voie en hâte aller à sa rencontre,
Lui présenter la main, et d'un baiser flatteur
Appuyer les serments d'être son serviteur.

CLITANDRE.

Pourquoi s'en prendre à nous? Si ce qu'on dit vous blesse,
Il faut que le reproche à madame s'adresse.

ALCESTE.

Non, morbleu! c'est à vous; et vos ris complaisants,
Tirent de son esprit tous ces traits médisants.
Son humeur satyrique est sans cesse nourrie
Par le coupable encens de votre flatterie ;
Et son cœur à railler trouverait moins d'appas
S'il avait observé qu'on ne l'applaudît pas.
C'est ainsi qu'aux flatteurs on doit partout se prendre
Des vices où l'on voit les humains se répandre.

PHILINTE.
Mais pourquoi pour ces gens un intérêt si grand,
Vous qui condamneriez ce qu'en eux on reprend?
CÉLIMÈNE.
Et ne faut-il pas bien que monsieur contredise?
A la commune voix veut-on qu'il se réduise,
Et qu'il ne fasse pas éclater en tous lieux
L'esprit contrariant qu'il a reçu des cieux?
Le sentiment d'autrui n'est jamais pour lui plaire :
Il prend toujours en main l'opinion contraire,
Et penserait paraître un homme du commun
Si l'on voyait qu'il fût de l'avis de quelqu'un.
L'honneur de contredire a pour lui tant de charmes,
Qu'il prend contre lui-même assez souvent les armes;
Et ses vrais sentiments sont combattus par lui
Aussitôt qu'il les voit dans la bouche d'autrui.
ALCESTE.
Les rieurs sont pour vous, madame, c'est tout dire;
Et vous pouvez pousser contre moi la satyre.
PHILINTE.
Mais il est véritable aussi que votre esprit
Se gendarme toujours contre tout ce qu'on dit;
Et que, par un chagrin que lui-même il avoue,
Il ne saurait souffrir qu'on blâme ni qu'on loue.
ALCESTE.
C'est que jamais, morbleu! les hommes n'ont raison;
Que le chagrin contre eux est toujours de saison,
Et que je vois qu'ils sont, sur toutes les affaires,
Loueurs impertinents, ou censeurs téméraires.

LE MISANTHROPE.
CÉLIMÈNE.
Mais...
ALCESTE.
Non, madame, non, quand j'en devrais mourir,
Vous avez des plaisirs que je ne puis souffrir;
Et l'on a tort ici de nourrir dans votre ame
Ce grand attachement aux défauts qu'on y blâme.
CLITANDRE.
Pour moi, je ne sais pas; mais j'avouerai tout haut
Que j'ai cru jusqu'ici madame sans défaut.
ACASTE.
De grâces et d'attraits je vois qu'elle est pourvue;
Mais les défauts qu'elle a ne frappent point ma vue.
ALCESTE.
Ils frappent tous la mienne; et, loin de m'en cacher,
Elle sait que j'ai soin de les lui reprocher.
Plus on aime quelqu'un, moins il faut qu'on le flatte:
A ne rien pardonner le pur amour éclate;
Et je bannirais, moi, tous ces lâches amants
Que je verrais soumis à tous mes sentiments,
Et dont, à tout propos, les molles complaisances
Donneraient de l'encens à mes extravagances.
CÉLIMÈNE.
Enfin, s'il faut qu'à vous s'en rapportent les cœurs,
On doit, pour bien aimer, renoncer aux douceurs,
Et du parfait amour mettre l'honneur suprême
A bien injurier les personnes qu'on aime.
ÉLIANTE.
L'amour, pour l'ordinaire, est peu fait à ces lois,
Et l'on voit les amants vanter toujours leur choix.

Jamais leur passion n'y voit rien de blâmable,
Et dans l'objet aimé tout leur devient aimable;
Ils comptent les défauts pour des perfections,
Et savent y donner de favorables noms.
La pâle est aux jasmins en blancheur comparable
La noire à faire peur, une brune adorable;
La maigre a de la taille et de la liberté;
La grasse est, dans son port, pleine de majesté;
La mal-propre sur soi, de peu d'attraits chargée,
Est mise sous le nom de beauté négligée;
La géante paraît une déesse aux yeux;
La naine, un abrégé des merveilles des cieux;
L'orgueilleuse a le cœur digne d'une couronne;
La fourbe a de l'esprit; la sotte est toute bonne;
La trop grande parleuse est d'agréable humeur;
Et la muette garde une honnête pudeur.
C'est ainsi qu'un amant dont l'ardeur est extrême
Aime jusqu'aux défauts des personnes qu'il aime.

ALCESTE.

Et moi, je soutiens, moi...

CÉLIMÈNE.

Brisons-là ce discours,
Et dans la galerie allons faire deux tours.
Quoi! vous vous en allez, messieurs?

CLITANDRE ET ACASTE.

Non pas, madame

ALCESTE.

La peur de leur départ occupe fort votre ame!
Sortez quand vous voudrez, messieurs; mais j'a
- vertis

LE MISANTHROPE,

ue je ne sors qu'après que vous serez sortis.
ACASTE.
 moins de voir madame en être importunée,
ien ne m'appelle ailleurs de toute la journée.
CLITANDRE.
Ioi, pourvu que je puisse être au petit couché,
e n'ai point d'autre affaire où je sois attaché.
CÉLIMÈNE, *à Alceste.*
'est pour rire, je crois.
ALCESTE.
   Non, en aucune sorte.
ious verrons si c'est moi que vous voudrez qui
 sorte.

SCÈNE VI.
LCESTE, CÉLIMÈNE, ÉLIANTE, ACASTE, PHILINTE, CLITANDRE, BASQUE.

BASQUE, *à Alceste.*
onsieur, un homme est là, qui voudrait vous
 parler
our affaire, dit-il, qu'on ne peut reculer.
ALCESTE.
is-lui que je n'ai point d'affaires si pressées.
BASQUE.
 porte une jaquette à grand'basques plissées,
vec du d'or dessus.
CÉLIMÈNE, *à Alceste.*
   Allez voir ce que c'est.
u bien faites-le entrer.

SCÈNE VII.

ALCESTE, CÉLIMÈNE, ÉLIANTE, ACASTE, PHILINTE, CLITANDRE, UN GARDE DE LA MARÉCHAUSSÉE.

ALCESTE, *allant au-devant du garde.*
Qu'est-ce donc, s'il vous plaît:
Venez, monsieur.

LE GARDE.
Monsieur, j'ai deux mots à vous dire.

ALCESTE.
Vous pouvez parler haut, monsieur, pour m'en instruire.

LE GARDE.
Messieurs les maréchaux, dont j'ai commandement,
Vous mandent de venir les trouver promptement,
Monsieur.

ALCESTE.
Qui? moi, monsieur?

LE GARDE.
Vous-même,

ALCESTE.
Et pour quoi faire?

PHILINTE, *à Alceste.*
C'est d'Oronte et de vous la ridicule affaire.

CÉLIMÈNE, *à Philinte.*
Comment?

PHILINTE.
Oronte et lui se sont tantôt bravés,

Sur certains petits vers qu'il n'a pas approuvés,
Et l'on veut assoupir la chose en sa naissance.

ALCESTE.
Moi, je n'aurai jamais de lâche complaisance.

PHILINTE.
Mais il faut suivre l'ordre : allons, disposez-vous.

ALCESTE.
Quel accommodement veut-on faire entre nous?
La voix de ces messieurs me condamnera-t-elle
A trouver bons les vers qui font notre querelle?
Je ne me dédis point de ce que j'en ai dit,
Je les trouve méchants.

PHILINTE.
      Mais d'un plus doux esprit...

ALCESTE.
Je n'en démordrai point ; les vers sont exécrables.

PHILINTE.
Vous devez faire voir des sentiments traitables.
Allons, venez.

ALCESTE.
      J'irai; mais rien n'aura pouvoir
De me faire dédire.

PHILINTE.
      Allons vous faire voir.

ALCESTE.
Hors qu'un commandement exprès du roi ne vienne
De trouver bons les vers dont on se met en peine,
Je soutiendrai toujours, morbleu ! qu'ils sont mauvais,
Et qu'un homme est pendable après les avoir faits.

ACTE II, SCÈNE VII.

(*à Clitandre et à Acaste, qui rient.*)
Par la sambleu! messieurs, je ne croyais pas être
Si plaisant que je suis.

CÉLIMÈNE.

Allez vite paraître
Où vous devez.

ALCESTE.

J'y vais, madame; et sur mes pas
Je reviens en ce lieu pour vider nos débats.

FIN DU SECOND ACTE.

ACTE TROISIÈME.

SCÈNE I.

CLITANDRE, ACASTE.

CLITANDRE.

Cher marquis, je te vois l'ame bien satisfaite;
Toute chose t'égaie, et rien ne t'inquiète.
En bonne foi, crois-tu, sans t'éblouir les yeux,
Avoir de grands sujets de paraître joyeux ?

ACASTE.

Parbleu ! je ne vois pas, lorsque je m'examine,
Où prendre aucun sujet d'avoir l'ame chagrine.
J'ai du bien, je suis jeune, et sors d'une maison
Qui se peut dire noble avec quelque raison;
Et je crois, par le rang que me donne ma race,
Qu'il est fort peu d'emplois dont je ne sois en passe.
Pour le cœur, dont sur-tout nous devons faire cas,
On sait, sans vanité, que je n'en manque pas;
Et l'on m'a vu pousser dans le monde une affaire
D'une assez vigoureuse et gaillarde manière.
Pour de l'esprit, j'en ai, sans doute, et du bon goût
A juger sans étude et raisonner de tout,
A faire aux nouveautés, dont je suis idolâtre,
Figure de savant sur les bancs du théâtre;
Y décider en chef, et faire du fracas
A tous les beaux endroits qui méritent des *ah !*

Je suis assez adroit; j'ai bon air, bonne mine,
Les dents belles sur-tout, et la taille fort fine.
Quant à se mettre bien, je crois, sans me flatter,
Qu'on serait mal venu de me le disputer.
Je me vois dans l'estime autant qu'on y puisse être,
Fort aimé du beau sexe, et bien auprès du maître.
Je crois qu'avec cela, mon cher marquis, je croi
Qu'on peut par tout pays être content de soi.
CLITANDRE.
Oui. Mais, trouvant ailleurs des conquêtes faciles,
Pourquoi pousser ici des soupirs inutiles ?
ACASTE.
Moi? Parbleu! je ne suis de taille ni d'humeur
A pouvoir d'une belle essuyer la froideur.
C'est aux gens mal tournés, aux mérites vulgaires,
A brûler constamment pour des beautés sévères,
A languir à leurs pieds et souffrir leurs rigueurs,
A chercher le secours des soupirs et des pleurs,
Et tâcher par des soins d'une très-longue suite
D'obtenir ce qu'on nie à leur peu de mérite.
Mais les gens de mon air, marquis, ne sont pas faits
Pour aimer à crédit, et faire tous les frais.
Quelque rare que soit le mérite des belles,
Je pense, Dieu merci, qu'on vaut son prix comme elles;
Que, pour se faire honneur d'un cœur comme le mien,
Ce n'est pas la raison qu'il ne leur coûte rien;
Et qu'au moins, à tout mettre en de justes balances,
Il faut qu'à frais communs se fassent les avances.

CLITANDRE.
Tu penses donc, marquis, être fort bien ici?
ACASTE.
J'ai quelque lieu, marquis, de le penser ainsi.
CLITANDRE.
Crois-moi, détache-toi de cette erreur extrême :
Tu te flattes, mon cher, et t'aveugles toi-même.
ACASTE.
Il est vrai, je me flatte, et m'aveugle en effet.
CLITANDRE.
Mais qui te fait juger ton bonheur si parfait?
ACASTE.
Je me flatte.
CLITANDRE.
Sur quoi fonder tes conjectures?
ACASTE.
Je m'aveugle.
CLITANDRE.
En as-tu des preuves qui soient sûres?
ACASTE.
Je m'abuse, te dis-je.
CLITANDRE.
Est-ce que de ses vœux
Célimène t'a fait quelques secrets aveux?
ACASTE.
Non, je suis maltraité.
CLITANDRE.
Réponds-moi, je te prie.
ACASTE.
Je n'ai que des rebuts.

CLITANDRE.
Laissons la raillerie,
Et me dis quel espoir on peut t'avoir donné.
ACASTE.
Je suis le misérable, et toi le fortuné ;
On a pour ma personne une aversion grande,
Et, quelqu'un de ces jours, il faut que je me pende.
CLITANDRE.
Oh ça, veux-tu, marquis, pour ajuster nos vœux,
Que nous tombions d'accord d'une chose tous deux ?
Que qui pourra montrer une marque certaine
D'avoir meilleure part au cœur de Célimène,
L'autre ici fera place au vainqueur prétendu,
Et le délivrera d'un rival assidu ?
ACASTE.
Ah ! parbleu ! tu me plais avec un tel langage,
Et, du bon de mon cœur, à cela je m'engage ;
Mais, chut.

SCÈNE II.

CÉLIMÈNE, ACASTE, CLITANDRE.

CÉLIMÈNE.
Encore ici !
CLITANDRE.
L'amour retient nos pas.
CÉLIMÈNE.
Je viens d'ouïr entrer un carrosse là-bas.
Savez-vous qui c'est ?
CLITANDRE.
Non.

SCÈNE III.

CÉLIMÈNE, ACASTE, CLITANDRE, BASQUE.

BASQUE.

Arsinoé, madame,
Monte ici pour vous voir.

CÉLIMÈNE.

Que me veut cette femme ?

BASQUE.

Eliante là-bas est à l'entretenir.

CÉLIMÈNE.

De quoi s'avise-t-elle ? et qui la fait venir ?

ACASTE.

Pour prude consommée en tous lieux elle passe ;
Et l'ardeur de son zèle...

CÉLIMÈNE.

Oui, oui, franche grimace !
Dans l'ame elle est du monde ; et ses soins tentent tout
Pour accrocher quelqu'un, sans en venir à bout.
Elle ne saurait voir qu'avec un œil d'envie
Les amants déclarés dont une autre est suivie ;
Et son triste mérite, abandonné de tous,
Contre le siècle aveugle est toujours en courroux.
Elle tâche à couvrir d'un faux voile de prude
Ce que chez elle on voit d'affreuse solitude ;
Et, pour sauver l'honneur de ses faibles appas,
Elle attache du crime au pouvoir qu'ils n'ont pas.

Cependant un amant plairait fort à la dame :
Et même, pour Alceste, elle a tendresse d'ame.
Ce qu'il me rend de soins outrage ses attraits,
Elle veut que ce soit un vol que je lui fais ;
Et son jaloux dépit, qu'avec peine elle cache,
En tous endroits, sous main, contre moi se détache.
Enfin je n'ai rien vu de si sot, à mon gré ;
Elle est impertinente au suprême degré,
Et...

SCÈNE IV.

ARSINOÉ, CÉLIMÈNE, CLITANDRE, ACASTE.

CÉLIMÈNE.
Ah ! quel heureux sort en ce lieu vous amène ?
Madame, sans mentir, j'étais de vous en peine.
ARSINOÉ.
Je viens pour quelque avis que j'ai cru vous devoir.
CÉLIMÈNE.
Ah ! mon dieu ! que je suis contente de vous voir !
(*Clitandre et Acaste sortent en riant.*)

SCÈNE V.

ARSINOÉ, CÉLIMÈNE.

ARSINOÉ.
Leur départ ne pouvait plus à propos se faire.
CÉLIMÈNE.
Voulons-nous nous asseoir ?

ARSINOÉ.

　　　　　　　Il n'est pas nécessaire,
Madame, l'amitié doit surtout éclater
Aux choses qui le plus nous peuvent importer :
Et comme il n'en est point de plus grande importance
Que celles de l'honneur et de la bienséance,
Je viens, par un avis qui touche votre honneur,
Témoigner l'amitié que pour vous a mon cœur.
Hier j'étais chez des gens de vertu singulière,
Où sur vous du discours on tourna la matiere ;
Et là, votre conduite, avec ses grands éclats,
Madame, eut le malheur qu'on ne la loua pas.
Cette foule de gens dont vous souffrez visite,
Votre galanterie, et les bruits qu'elle excite,
Trouvèrent des censeurs plus qu'il n'aurait fallu,
Et bien plus rigoureux que je n'eusse voulu.
Vous pouvez bien penser quel parti je sus prendre ;
Je fis ce que je pus pour vous pouvoir défendre ;
Je vous excusai fort sur votre intention,
Et voulus de votre ame être la caution.
Mais vous savez qu'il est des choses dans la vie
Qu'on ne peut excuser, quoiqu'on en ait envie ;
Et je me vis contrainte à demeurer d'accord
Que l'air dont vous viviez vous faisait un peu tort,
Qu'il prenait dans le monde une méchante face,
Qu'il n'est conte fâcheux que partout on n'en fasse,
Et que, si vous vouliez, tous vos déportements
Pourraient moins donner prise aux mauvais juge-
　　ments.
Non que j'y croie au fond l'honnêteté blessée :

Me préserve le ciel d'en avoir la pensée!
Mais aux ombres du crime on prête aisément foi,
Et ce n'est pas assez de bien vivre pour soi.
Madame, je vous crois l'ame trop raisonnable
Pour ne pas prendre bien cet avis profitable,
Et pour l'attribuer qu'aux mouvements secrets
D'un zèle qui m'attache à tous vos intérêts.

CÉLIMÈNE.

Madame, j'ai beaucoup de grâces à vous rendre.
Un tel avis m'oblige; et, loin de le mal prendre,
J'en prétends reconnaître à l'instant la faveur
Par un avis aussi qui touche votre honneur :
Et comme je vous vois vous montrer mon amie
En m'apprenant les bruits que de moi l'on publie,
Je veux suivre à mon tour un exemple si doux
En vous avertissant de ce qu'on dit de vous.

En un lieu, l'autre jour, où je faisais visite,
Je trouvai quelques gens d'un très-rare mérite,
Qui, parlant des vrais soins d'une ame qui vit bien,
Firent tomber sur vous, madame, l'entretien.
Là, votre pruderie et vos éclats de zèle
Ne furent pas cités comme un fort bon modèle;
Cette affectation d'un grave extérieur,
Vos discours éternels de sagesse et d'honneur,
Vos mines et vos cris aux ombres d'indécence
Que d'un mot ambigu peut avoir l'innocence,
Cette hauteur d'estime où vous êtes de vous,
Et ces yeux de pitié que vous jetez sur tous,
Vos fréquentes leçons et vos aigres censures
Sur des choses qui sont innocentes et pures;

Tout cela, si je puis vous parler franchement,
Madame, fut blâmé d'un commun sentiment:
« A quoi bon, disaient-ils, cette mine modeste,
« Et ce sage dehors, que dément tout le reste?
« Elle est à bien prier exacte au dernier point;
« Mais elle bat ses gens, et ne les paie point.
« Dans tous les lieux dévots elle étale un grand zèle;
« Mais elle met du blanc, et veut paraître belle.
« Elle fait des tableaux couvrir les nudités;
« Mais elle a de l'amour pour les réalités ».
Pour moi, contre chacun, je pris votre défense,
Et leur assurai fort que c'était médisance :
Mais tous les sentiments combattirent le mien,
Et leur conclusion fut que vous feriez bien
De prendre moins de soins des actions des autres,
Et de vous mettre un peu plus en peine des vôtres;
Qu'on doit se regarder soi-même un fort long-
    temps
Avant que de songer à condamner les gens;
Qu'il faut mettre le poids d'une vie exemplaire
Dans les corrections qu'aux autres on veut faire;
Et qu'encor vaut-il mieux s'en remettre, au besoin,
A ceux à qui le ciel en a commis le soin.
Madame, je vous crois aussi trop raisonnable
Pour ne pas prendre bien cet avis profitable,
Et pour l'attribuer qu'aux mouvements secrets
D'un zèle qui m'attache à tous vos intérêts.

ARSINOÉ.

A quoi qu'en reprenant on soit assujétie,
Je ne m'attendais pas à cette répartie,

Madame ; et je vois bien, parce qu'elle a d'aigreur,
Que mon sincère avis vous a blessé le cœur.
CÉLIMÈNE.
Au contraire, madame; et, si l'on était sage,
Ces avis mutuels seraient mis en usage.
On détruirait par-là, traitant de bonne foi,
Ce grand aveuglement où chacun est pour soi.
Il ne tiendra qu'à vous qu'avec le même zèle
Nous ne continuions cet office fidèle,
Et ne prenions grand soin de nous dire entre nous
Ce que nous entendrons, vous de moi, moi de vous.
ARSINOÉ.
Ah! madame, de vous je ne puis rien entendre;
C'est en moi que l'on peut trouver fort à reprendre.
CÉLIMÈNE.
Madame, on peut, je crois, louer et blâmer tout;
Et chacun a raison, suivant l'âge ou le goût.
Il est une saison pour la galanterie,
Il en est une aussi propre à la pruderie.
On peut, par politique, en prendre le parti,
Quand de nos jeunes ans l'éclat est amorti.
Cela sert à couvrir de fâcheuses disgraces.
Je ne dis pas qu'un jour je ne suive vos traces :
L'âge amenera tout ; et ce n'est pas le temps,
Madame, comme on sait, d'être prude à vingt ans.
ARSINOÉ.
Certes, vous vous targuez d'un bien faible avantage,
Et vous faites sonner terriblement votre âge.

Ce que de plus que vous on en pourrait avoir
N'est pas un si grand cas, pour s'en tant prévaloir;
Et je ne sais pourquoi votre ame ainsi s'emporte,
Madame, à me pousser de cette étrange sorte.

CÉLIMÈNE.

Et moi, je ne sais pas, madame, aussi pourquoi
On vous voit en tous lieux vous déchaîner sur moi.
Faut-il de vos chagrins sans cesse à moi vous prendre ?
Et puis-je mais des soins qu'on ne va pas vous rendre ?
Si ma personne aux gens inspire de l'amour,
Et si l'on continue à m'offrir chaque jour
Des vœux que votre cœur peut souhaiter qu'on m'ôte,
Je n'y saurais que faire, et ce n'est pas ma faute;
Vous avez le champ libre, et je n'empêche pas
Que, pour les attirer, vous n'ayez des appas.

ARSINOÉ.

Hélas! et croyez-vous que l'on se mette en peine
De ce nombre d'amants dont vous faites la vaine,
Et qu'il ne nous soit pas fort aisé de juger
A quel prix aujourd'hui l'on peut les engager?
Pensez-vous faire croire, à voir comme tout roule,
Que votre seul mérite attire cette foule,
Qu'ils ne brûlent pour vous que d'un honnête amour,
Et que pour vos vertus ils vous font tous la cour?
On ne s'aveugle point par de vaines défaites;

Le monde n'est point dupe ; et j'en vois qui sont faites
A pouvoir inspirer de tendres sentiments,
Qui chez elles pourtant ne fixent point d'amants :
Et de là nous pouvons tirer des conséquences
Qu'on n'acquiert point leurs cœurs sans de grandes avances ;
Qu'aucun, pour nos beaux yeux, n'est notre soupirant,
Et qu'il faut acheter tous les soins qu'on nous rend.
Ne vous enflez donc point d'une si grande gloire
Pour les petits brillants d'une faible victoire,
Et corrigez un peu l'orgueil de vos appas
De traiter pour cela les gens du haut en bas.
Si nos yeux enviaient les conquêtes des vôtres,
Je pense qu'on pourrait faire comme les autres,
Ne se point ménager, et vous faire bien voir
Que l'on a des amants quand on en veut avoir.

CÉLIMÈNE.

Ayez-en donc, madame, et voyons cette affaire :
Par ce rare secret efforcez-vous de plaire ;
Et sans...

ARSINOÉ.

Brisons, madame, un pareil entretien,
Il pousserait trop loin votre esprit et le mien ;
Et j'aurai pris déjà le congé qu'il faut prendre,
Si mon carrosse encor ne m'obligeait d'attendre.

CÉLIMÈNE.

Autant qu'il vous plaira vous pouvez arrêter,
Madame, et là-dessus rien ne doit vous hâter.

Mais, sans vous fatiguer de ma cérémonie,
Je m'en vais vous donner meilleure compagnie;
Et monsieur, qu'à propos le hasard fait venir,
Remplira mieux ma place à vous entretenir.

SCÈNE VI.
ALCESTE, CÉLIMÈNE, ARSINOÉ.

CÉLIMÈNE.

Alceste, il faut que j'aille écrire un mot de lettre,
Que, sans me faire tort, je ne saurais remettre.
Soyez avec madame : elle aura la bonté
D'excuser aisément mon incivilité.

SCÈNE VII.
ALCESTE, ARSINOÉ.

ARSINOÉ.

Vous voyez, elle veut que je vous entretienne,
Attendant un moment que mon carrosse vienne;
Et jamais tous ses soins ne pouvaient m'offrir rien
Qui me fût plus charmant qu'un pareil entretien.
En vérité, les gens d'un mérite sublime
Entraînent de chacun et l'amour et l'estime;
Et le vôtre, sans doute, a des charmes secrets
Qui font entrer mon cœur dans tous vos intérêts.
Je voudrais que la cour, par un regard propice,
A ce que vous valez rendît plus de justice :
Vous avez à vous plaindre; et je suis en courroux
Quand je vois, chaque jour, qu'on ne fait rien pour
    vous.

ALCESTE.

Moi, madame ? Et sur quoi pourrais-je en rien prétendre ?
Quel service à l'état est-ce qu'on m'a vu rendre ?
Qu'ai-je fait, s'il vous plaît, de si brillant de soi,
Pour me plaindre à la cour qu'on ne fait rien pour moi ?

ARSINOÉ.

Tous ceux sur qui la cour jette des yeux propices
N'ont pas toujours rendu de ces fameux services ;
Il faut l'occasion ainsi que le pouvoir.
Et le mérite enfin que vous nous faites voir
Devrait...

ALCESTE.

Mon dieu ! laissons mon mérite, de grâce ;
De quoi voulez-vous là que la cour s'embarrasse ?
Elle aurait fort à faire, et ses soins seraient grands
D'avoir à déterrer le mérite des gens.

ARSINOÉ.

Un mérite éclatant se déterre lui-même.
Du vôtre, en bien des lieux, on fait un cas extrême ;
Et vous saurez de moi qu'en deux fort bons endroits
Vous fûtes hier loué par des gens d'un grand poids.

ALCESTE.

Hé ! madame, l'on loue aujourd'hui tout le monde,
Et le siècle par-là n'a rien qu'on ne confonde.
Tout est d'un grand mérite également doué ;
Ce n'est plus un honneur que de se voir loué :
D'éloges on regorge, à la tête on les jette,
Et mon valet-de-chambre est mis dans la gazette.

ARSINOÉ.

Pour moi, je voudrais bien que, pour vous montrer
    mieux,
Une charge à la cour vous pût frapper les yeux.
Pour peu que d'y songer vous nous fassiez les mines,
On peut, pour vous servir, remuer des machines;
Et j'ai des gens en main que j'emploierai pour vous,
Qui vous feront à tout un chemin assez doux.

ALCESTE.

Et que voudriez-vous, madame, que j'y fisse?
L'humeur dont je me sens veut que je m'en bannisse;
Le ciel ne m'a point fait, en me donnant le jour,
Une ame compatible avec l'air de la cour.
Je ne me trouve point les vertus nécessaires
Pour y bien réussir et faire mes affaires:
Etre franc et sincère est mon plus grand talent;
Je ne sais point louer les hommes en parlant;
Et qui n'a pas le don de cacher ce qu'il pense
Doit faire en ce pays fort peu de résidence.
Hors de la cour, sans doute, on n'a pas cet appui
Et ces titres d'honneur qu'elle donne aujourd'hui;
Mais on n'a pas aussi, perdant ces avantages,
Le chagrin de jouer de fort sots personnages;
On n'a point à souffrir mille rebuts cruels;
On n'a point à louer les vers de messieurs tels,
A donner de l'encens à madame une telle,
Et de nos francs marquis essuyer la cervelle.

ARSINOÉ.

Laissons, puisqu'il vous plaît, ce chapitre de cour;

Mais il faut que mon cœur vous plaigne en votre
   amour ;
Et pour vous découvrir là-dessus mes pensées,
Je souhaiterais fort vos ardeurs mieux placées.
Vous méritez sans doute un sort beaucoup plus
   doux,
Et celle qui vous charme est indigne de vous.

ALCESTE.

Mais, en disant cela, songez-vous, je vous prie,
Que cette personne est, madame, votre amie ?

ARSINOÉ.

Oui. Mais ma conscience est blessée en effet
De souffrir plus long-temps le tort que l'on vous fait.
L'état où je vous vois afflige trop mon ame,
Et je vous donne avis qu'on trahit votre flamme.

ALCESTE.

C'est me montrer, madame, un tendre mouvement ;
Et de pareils avis obligent un amant.

ARSINOÉ.

Oui, toute mon amie, elle est, et je la nomme,
Indigne d'asservir le cœur d'un galant homme ;
Et le sien n'a pour vous que de feintes douceurs.

ALCESTE.

Cela se peut, madame ; on ne voit pas les cœurs :
Mais votre charité se serait bien passée
De jeter dans le mien une telle pensée.

ARSINOÉ.

Si vous ne voulez pas être désabusé,
Il faut ne vous rien dire ; il est assez aisé.

ALCESTE.

Non. Mais sur ce sujet, quoi que l'on nous expose,
Les doutes sont fâcheux plus que toute autre chose;
Et je voudrais, pour moi, qu'on ne me fît savoir
Que ce qu'avec clarté l'on peut me faire voir.

ARSINOÉ.

Hé bien! c'est assez dit; et, sur cette matière,
Vous allez recevoir une pleine lumière.
Oui, je veux que de tout vos yeux vous fassent foi.
Donnez-moi seulement la main jusques chez moi :
Là, je vous ferai voir une preuve fidèle
De l'infidélité du cœur de votre belle;
Et si pour d'autres yeux le vôtre peut brûler,
On pourra vous offrir de quoi vous consoler.

FIN DU TROISIÈME ACTE.

ACTE QUATRIÈME.
SCÈNE I.
ÉLIANTE, PHILINTE.

PHILINTE.

Non, l'on n'a point vu d'ame à manier si dure,
Ni d'accommodement plus pénible à conclure :
En vain de tous côtés on l'a voulu tourner,
Hors de son sentiment on n'a pu l'entraîner ;
Et jamais différend si bizarre, je pense,
N'avait de ces messieurs occupé la prudence.
« Non, messieurs, disait-il, je ne me dédis point,
« Et tomberai d'accord de tout, hors de ce point.
« De quoi s'offense-t-il ? et que veut-il me dire ?
« Y va-t-il de sa gloire à ne pas bien écrire ?
« Que lui fait mon avis qu'il a pris de travers ?
« On peut être honnête homme, et faire mal des vers :
« Ce n'est point à l'honneur que touchent ces matières.
« Je le tiens galant homme en toutes les manières,
« Homme de qualité, de mérite et de cœur,
« Tout ce qu'il vous plaira, mais fort méchant auteur.
« Je louerai, si l'on veut, son train et sa dépense,
« Son adresse à cheval, aux armes, à la danse :

« Mais, pour louer ses vers, je suis son serviteur;
« Et, lorsque d'en mieux faire on n'a pas le bonheur,
« On ne doit de rimer avoir aucune envie,
» Qu'on n'y soit condamné sur peine de la vie ».
Enfin toute la grâce et l'accommodement
Où s'est avec effort plié son sentiment,
C'est de dire, croyant adoucir bien son style :
« Monsieur, je suis fâché d'être si difficile,
« Et, pour l'amour de vous, je voudrais, de bon
    cœur,
« Avoir trouvé tantôt votre sonnet meilleur ».
Et dans une embrassade on leur a, pour conclure,
Fait vîte envelopper toute la procédure.

ÉLIANTE.

Dans ses façons d'agir il est fort singulier :
Mais j'en fais, je l'avoue, un cas particulier ;
Et la sincérité dont son ame se pique
A quelque chose en soi de noble et d'héroïque.
C'est une vertu rare au siècle d'aujourd'hui,
Et je la voudrais voir par-tout comme chez lui.

PHILINTE.

Pour moi, plus je le vois, plus sur-tout je m'étonne
De cette passion où son cœur s'abandonne.
De l'humeur dont le ciel a voulu le former,
Je ne sais pas comment il s'avise d'aimer ;
Et je sais moins encor comment votre cousine,
Peut être la personne où son penchant l'incline.

ÉLIANTE.

Cela fait assez voir que l'amour, dans les cœurs,
N'est pas toujours produit par un rapport d'humeurs;

ACTE IV, SCÈNE I.

Et toutes ces raisons de douces sympathies,
Dans cet exemple-ci, se trouvent démenties.
PHILINTE.
Mais croyez-vous qu'on l'aime, aux choses qu'on peut voir?
ÉLIANTE.
C'est un point qu'il n'est pas fort aisé de savoir.
Comment pouvoir juger s'il est vrai qu'elle l'aime?
Son cœur de ce qu'il sent n'est pas bien sûr lui-même ;
Il aime quelquefois sans qu'il le sache bien,
Et croit aimer aussi, par fois, qu'il n'en est rien.
PHILINTE.
Je crois que notre ami, près de cette cousine,
Trouvera des chagrins plus qu'il ne s'imagine ;
Et, s'il avait mon cœur, à dire vérité,
Il tournerait ses vœux tout d'un autre côté ;
Et, par un choix plus juste, on le verrait, madame,
Profiter des bontés que lui montre votre ame.
ÉLIANTE.
Pour moi, je n'en fais point de façons; et je croi
Qu'on doit sur de tels point être de bonne foi.
Je ne m'oppose point à toute sa tendresse :
Au contraire, mon cœur pour elle s'intéresse ;
Et si c'était qu'à moi la chose pût tenir,
Moi-même à ce qu'il aime on me verrait l'unir.
Mais si, dans un tel choix, comme tout se peut faire,
Son amour éprouvait quelque destin contraire,
S'il fallait que d'un autre on couronnât les feux,
Je pourrais me résoudre à recevoir ses vœux ;
Et le refus souffert en pareille occurrence

Ne m'y ferait trouver aucune répugnance.
PHILINTE.
Et moi, de mon côté, je ne m'oppose pas,
Madame, à ces bontés qu'ont pour lui vos appas;
Et lui-même, s'il veut, il peut bien vous instruire
De ce que là-dessus j'ai pris soin de lui dire.
Mais si, par un hymen qui les joindrait eux deux,
Vous étiez hors d'état de recevoir ses vœux,
Tous les miens tenteraient la faveur éclatante
Qu'avec tant de bonté votre ame lui présente :
Heureux si, quand son cœur s'y pourra dérober,
Elle pouvait sur moi, madame, retomber!

ÉLIANTE.
Vous vous divertissez, Philinte.

PHILINTE.
       Non, madame,
Et je vous parle ici du meilleur de mon ame.
J'attends l'occasion de m'offrir hautement,
Et, de tous mes souhaits, j'en presse le moment.

SCÈNE II.

ALCESTE, ÉLIANTE, PHILINTE.

ALCESTE.
Ah! faites-moi raison, madame, d'une offense
Qui vient de triompher de toute ma constance.

ÉLIANTE.
Qu'est-ce donc? Qu'avez-vous qui vous puisse émouvoir?

ACTE IV, SCÈNE II.

ALCESTE.

J'ai ce que, sans mourir, je ne puis concevoir;
Et le déchaînement de toute la nature
Ne m'accablerait pas comme cette aventure.
C'en est fait... Mon amour... Je ne saurais parler.

ÉLIANTE.

Que votre esprit, un peu, tâche à se rappeler.

ALCESTE.

O juste ciel! faut-il qu'on joigne à tant de graces
Les vices odieux des ames les plus basses!

ÉLIANTE.

Mais encor, qui vous peut...

ALCESTE.

      Ah! tout est ruiné;
Je suis, je suis trahi, je suis assassiné!
Célimène... eût-on pu croire cette nouvelle?
Célimène me trompe, et n'est qu'une infidèle.

ÉLIANTE.

Avez-vous, pour le croire, un juste fondement?

PHILINTE.

Peut-être est-ce un soupçon conçu légèrement;
Et votre esprit jaloux prend, par fois, des chimères...

ALCESTE.

Ah! morbleu! mêlez-vous, monsieur, de vos affaires.

(*à Éliante.*)

C'est de sa trahison n'être que trop certain,
Que l'avoir, dans ma poche, écrite de sa main.
Oui, madame, une lettre écrite pour Oronte
A produit à mes yeux ma disgrace et sa honte;

Oronte, dont j'ai cru qu'elle fuyait les soins,
Et que de mes rivaux je redoutais le moins !
PHILINTE.
Une lettre peut bien tromper par l'apparence,
Et n'est pas quelquefois si coupable qu'on pense.
ALCESTE.
Monsieur, encore un coup, laissez-moi, s'il vous plaît,
Et ne prenez souci que de votre intérêt.
ÉLIANTE.
Vous devez modérer vos transports et l'outrage...
ALCESTE.
Madame, c'est à vous qu'appartient cet ouvrage ;
C'est à vous que mon cœur a recours aujourd'hui
Pour pouvoir s'affranchir de son cuisant ennui.
Vengez-moi d'une ingrate et perfide parente
Qui trahit lâchement une ardeur si constante ;
Vengez-moi de ce trait qui doit vous faire horreur.
ÉLIANTE.
Moi, vous venger ! comment ?
ALCESTE.
En recevant mon cœur.
Acceptez-le, madame, au lieu de l'infidèle :
C'est par-là que je puis prendre vengeance d'elle ;
Et je la veux punir par les sincères vœux,
Par le profond amour, les soins respectueux,
Les devoirs empressés et l'assidu service,
Dont ce cœur va vous faire un ardent sacrifice.
ÉLIANTE.
Je compatis, sans doute, à ce que vous souffrez ;

Et ne méprise point le cœur que vous m'offrez;
Mais peut-être le mal n'est pas si grand qu'on pense,
Et vous pourrez quitter ce désir de vengeance.
Lorsque l'injure part d'un objet plein d'appas,
On fait force desseins qu'on n'exécute pas :
On a beau voir, pour rompre, une raison puissante;
Une coupable aimée est bientôt innocente :
Tout le mal qu'on lui veut se dissipe aisément,
Et l'on sait ce que c'est qu'un courroux d'un amant.

ALCESTE.

Non, non, madame, non; l'offense est trop mortelle,
Il n'est point de retour, et je romps avec elle;
Rien ne saurait changer le dessein que j'en fais,
Et je me punirais de l'estimer jamais.
La voici. Mon courroux redouble à cette approche.
Je vais de sa noirceur lui faire un vif reproche,
Pleinement la confondre, et vous porter, après,
Un cœur tout dégagé de ses trompeurs attraits.

SCÈNE III.

CÉLIMÈNE, ALCESTE.

ALCESTE, *à part.*

O ciel! de mes transports puis-je être ici le maître?

CÉLIMÈNE.

(*à part.*)   (*à Alceste.*)
Quais! Quel est donc le trouble où je vous vois paraître?

Et que me veulent dire et ces soupirs poussés,
Et ces sombres regards que sur moi vous lancez?
ALCESTE.
Que toutes les horreurs dont une ame est capable
A vos déloyautés n'ont rien de comparable,
Que le sort, les démons, et le ciel en courroux,
N'ont jamais rien produit de si méchant que vous.
CÉLIMÈNE.
Voilà certainement des douceurs que j'admire.
ALCESTE.
Ah! ne plaisantez point; il n'est pas temps de rire,
Rougissez bien plutôt, vous en avez raison;
Et j'ai de sûrs témoins de votre trahison.
Voilà ce que marquaient les troubles de mon ame:
Ce n'était pas en vain que s'alarmait ma flamme.
Par ces fréquents soupçons qu'on trouvait odieux
Je cherchais le malheur qu'ont rencontré mes yeux;
Et, malgré tous vos soins et votre adresse à feindre,
Mon astre me disait ce que j'avais à craindre.
Mais ne présumez pas que, sans être vengé,
Je souffre le dépit de me voir outragé.
Je sais que sur les vœux on n'a point de puissance,
Que l'amour veut partout naître sans dépendance,
Que jamais par la force on n'entra dans un cœur,
Et que toute ame est libre à nommer son vainqueur.
Aussi ne trouverais-je aucun sujet de plainte,
Si pour moi votre bouche avait parlé sans feinte;
Et, rejetant mes vœux dès le premier abord,
Mon cœur n'aurait eu droit de s'en prendre qu'au
 sort.

ACTE IV, SCÈNE III.

Mais d'un aveu trompeur voir ma flamme applaudie,
C'est une trahison, c'est une perfidie,
Qui ne saurait trouver de trop grands châtiments;
Et je puis tout permettre à mes ressentiments.
Oui, oui, redoutez tout après un tel outrage;
Je ne suis plus à moi, je suis tout à la rage :
Percé du coup mortel dont vous m'assassinez,
Mes sens par la raison ne sont plus gouvernés;
Je cède aux mouvements d'une juste colère,
Et je ne réponds pas de ce que je puis faire.

CÉLIMÈNE.

D'où vient donc, je vous prie, un tel emportement?
Avez-vous, dites-moi, perdu le jugement?

ALCESTE.

Oui, oui, je l'ai perdu, lorsque dans votre vue
J'ai pris, pour mon malheur, le poison qui me tue,
Et que j'ai cru trouver quelque sincérité
Dans les traîtres appas dont je fus enchanté.

CÉLIMÈNE.

De quelle trahison pouvez-vous donc vous plaindre?

ALCESTE.

Ah! que ce cœur est double, et sait bien l'art de feindre!
Mais, pour le mettre à bout, j'ai des moyens tout prêts.
Jetez ici les yeux, et connaissez vos traits;
Ce billet découvert suffit pour vous confondre,
Et, contre ce témoin, on n'a rien à répondre.

CÉLIMÈNE.
Voilà donc le sujet qui vous trouble l'esprit!
ALCESTE.
Vous ne rougissez pas en voyant cet écrit!
CÉLIMÈNE.
Et par quelle raison faut-il que j'en rougisse?
ALCESTE.
Quoi! vous joignez ici l'audace à l'artifice!
Le désavouerez-vous, pour n'avoir point de seing?
CÉLIMÈNE.
Pourquoi désavouer un billet de ma main?
ALCESTE.
Et vous pouvez le voir sans demeurer confuse
Du crime dont, vers moi, son style vous accuse!
CÉLIMÈNE.
Vous êtes, sans mentir, un grand extravagant!
ALCESTE.
Quoi! vous bravez ainsi ce témoin convaincant!
Et ce qu'il m'a fait voir de douceur pour Oronte,
N'a donc rien qui m'outrage et qui vous fasse honte?
CÉLIMÈNE.
Oronte! qui vous dit que la lettre est pour lui?
ALCESTE.
Les gens qui dans mes mains l'ont remise aujourd'hui.
Mais je veux consentir qu'elle soit pour un autre,
Mon cœur en a-t-il moins à se plaindre du vôtre?
En serez-vous vers moi moins coupable en effet?
CÉLIMÈNE.
Mais si c'est une femme à qui va ce billet,

En quoi vous blesse-t-il, et qu'a-t-il de coupable ?
ALCESTE.
Ah ! le détour est bon, et l'excuse admirable !
Je ne m'attendais pas, je l'avoue, à ce trait,
Et me voilà par-là convaincu tout à fait.
Osez-vous recourir à ces ruses grossières ?
Et croyez-vous les gens si privés de lumières ?
Voyons, voyons un peu par quel biais, de quel air,
Vous voulez soutenir un mensonge si clair ;
Et comment vous pourrez tourner pour une femme
Tous les mots d'un billet qui montre tant de flamme.
Ajustez, pour couvrir un manquement de foi,
Ce que je m'en vais lire...
CÉLIMÈNE.
     Il ne me plaît pas, moi.
Je vous trouve plaisant d'user d'un tel empire,
Et de me dire au nez ce que vous m'osez dire.
ALCESTE.
Non, non, sans s'emporter, prenez un peu souci
De me justifier les termes que voici.
CÉLIMÈNE.
Non, je n'en veux rien faire ; et, dans cette occur-
 rence,
Tout ce que vous croirez m'est de peu d'importance.
ALCESTE.
De grâce, montrez-moi, je serai satisfait,
Qu'on peut pour une femme expliquer ce billet.
CÉLIMÈNE.
Non ; il est pour Oronte ; et je veux qu'on le croie.
Je reçois tous ses soins avec beaucoup de joie,

J'admire ce qu'il dit, j'estime ce qu'il est,
Et je tombe d'accord de tout ce qu'il vous plaît.
Faites, prenez parti, que rien ne vous arrête,
Et ne me rompez pas davantage la tête.
   ALCESTE, *à part.*
Ciel! rien de plus cruel peut-il être inventé?
Et jamais cœur fut-il de la sorte traité?
Quoi! d'un juste courroux je suis ému contre elle,
C'est moi qui me viens plaindre et c'est moi qu'on
  querelle!
On pousse ma douleur et mes soupçons à bout;
On me laissse tout croire; on fait gloire de tout :
Et cependant mon cœur est encore assez lâche
Pour ne pouvoir briser la chaîne qui l'attache,
Et pour ne pas s'armer d'un généreux mépris
Contre l'ingrat objet dont il est trop épris!
   (*à Célimène.*)
Ah! que vous savez bien ici contre moi-même,
Perfide, vous servir de ma faiblesse extrême,
Et ménager pour vous l'excès prodigieux
De ce fatal amour né de vos traîtres yeux!
Défendez-vous au moins d'un crime qui m'accable,
Et cessez d'affecter d'être envers moi coupable.
Rendez-moi, s'il se peut, ce billet innocent;
A vous prêter les mains ma tendresse consent :
Efforcez-vous ici de paraître fidèle,
Et je m'efforcerai, moi, de vous croire telle.
   CÉLIMÈNE.
Allez, vous êtes fou dans vos transports jaloux,
Et ne méritez pas l'amour qu'on a pour vous.

Je voudrais bien savoir qui pourrait me contraindre
A descendre pour vous aux bassesses de feindre,
Et pourquoi, si mon cœur penchait d'autre côté,
Je ne le dirais pas avec sincérité !
Quoi ! de mes sentiments l'obligeante assurance
Contre tous vos soupçons ne prend pas ma défense !
Auprès d'un tel garant, sont-ils de quelque poids ?
N'est-ce pas m'outrager que d'écouter leur voix ?
Et puisque notre cœur fait un effort extrême
Lorsqu'il peut se résoudre à confesser qu'il aime,
Puisque l'honneur du sexe, ennemi de nos feux,
S'oppose fortement à de pareils aveux,
L'amant qui voit pour lui franchir un tel obstacle
Doit-il impunément douter de cet oracle ?
Et n'est-il pas coupable en ne s'assurant pas
A ce qu'on ne dit point qu'après de grands combats ?
Allez, de tels soupçons méritent ma colère,
Et vous ne valez pas que l'on vous considère.
Je suis sotte et veux mal à ma simplicité
De conserver encor pour vous quelque bonté ;
Je devrais autre part attacher mon estime,
Et vous faire un sujet de plainte légitime.

ALCESTE.

Ah ! traîtresse, mon faible est étrange pour vous ;
Vous me trompez, sans doute, avec des mots si doux.
Mais il n'importe, il faut suivre ma destinée :
A votre foi mon ame est toute abandonnée ;
Je veux voir jusqu'au bout quel sera votre cœur,
Et si de me trahir il aura la noirceur.

CÉLIMÈNE.
Non, vous ne m'aimez point comme il faut que l'on aime.

ALCESTE.
Ah! rien n'est comparable à mon amour extrême;
Et, dans l'ardeur qu'il a de se montrer à tous,
Il va jusqu'à former des souhaits contre vous.
Oui, je voudrais qu'aucun ne vous trouvât aimable;
Que vous fussiez réduite en un sort misérable;
Que le ciel, en naissant, ne vous eût donné rien;
Que vous n'eussiez ni rang, ni naissance, ni bien;
Afin que de mon cœur l'éclatant sacrifice
Vous pût d'un pareil sort réparer l'injustice,
Et que j'eusse la joie et la gloire en ce jour
De vous voir tenir tout des mains de mon amour.

CÉLIMÈNE.
C'est me vouloir du bien d'une étrange manière!
Me préserve le ciel que vous ayez matière...!
Voici monsieur Dubois plaisamment figuré.

SCÈNE IV.
CÉLIMÈNE, ALCESTE, DUBOIS.

ALCESTE.
Que veut cet équipage, et cet air effaré?
Qu'as tu?

DUBOIS.
Monsieur...

ALCESTE.
Hé bien?

ACTE IV, SCENE IV.

DUBOIS.

Voici bien des mystères.

ALCESTE.

Qu'est ce ?

DUBOIS.

Nous sommes mal, monsieur, dans nos affaires.

ALCESTE.

Quoi ?

DUBOIS.

Parlerai-je haut ?

ALCESTE.

Oui, parle, et promptement.

DUBOIS.

N'est-il point là quelqu'un ?

ALCESTE.

Ah ! que d'amusement !
Veux-tu parler ?

DUBOIS.

Monsieur, il faut faire retraite.

ALCESTE.

Comment ?

DUBOIS.

Il faut d'ici déloger sans trompette.

ALCESTE.

Et pourquoi ?

DUBOIS.

Je vous dis qu'il faut quitter ce lieu.

ALCESTE.

La cause?

DUBOIS.

Il faut partir, monsieur, sans dire adieu.

ALCESTE.

Mais par quelle raison me tiens-tu ce langage?

DUBOIS.

Par la raison, monsieur, qu'il faut plier bagage.

ALCESTE.

Ah! je te casserai la tête assurément
Si tu ne veux, maraud, t'expliquer autrement.

DUBOIS.

Monsieur, un homme noir et d'habit et de mine,
Est venu nous laisser, jusques dans la cuisine,
Un papier griffonné d'une telle façon,
Qu'il faudrait pour le lire être pis qu'un démon.
C'est de votre procès, je n'en fais aucun doute;
Mais le diable d'enfer, je crois, n'y verrait goutte.

ALCESTE.

Hé bien! quoi? Ce papier, qu'a-t-il à démêler,
Traître, avec le départ dont tu viens me parler?

DUBOIS.

C'est pour vous dire ici, monsieur, qu'une heure
    ensuite
Un homme qui souvent vous vient rendre visite,
Est venu vous chercher avec empressement,
Et, ne vous trouvant pas, m'a chargé doucement,
Sachant que je vous sers avec beaucoup de zèle,

ACTE IV, SCÈNE IV.

De vous dire... Attendez, comment est-ce qu'il
s'appelle?

ALCESTE.

Laisse là son nom, traître, et dis ce qu'il t'a dit.

DUBOIS.

C'est un de vos amis, enfin, cela suffit.
Il m'a dit que d'ici votre péril vous chasse,
Et que d'être arrêté le sort vous y menace.

ALCESTE.

Mais quoi! n'a-t-il voulu te rien spécifier?

DUBOIS.

Non. Il m'a demandé de l'encre et du papier,
Et vous a fait un mot, où vous pourrez, je pense,
Du fond de ce mystère avoir la connaissance.

ALCESTE.

Donne-le donc.

CÉLIMÈNE.

Que peut envelopper ceci?

ALCESTE.

Je ne sais; mais j'aspire à m'en voir éclairci.
Auras-tu bientôt fait, impertinent, au diable?

DUBOIS, *après avoir long-temps cherché le billet.*

Ma foi, je l'ai, monsieur, laissé sur votre table.

ALCESTE.

Je ne sais qui me tient...

CÉLIMÈNE.

Ne vous emportez pas,
Et courez démêler un pareil embarras.

ALCESTE.

Il semble que le sort, quelque soin que je prenne,
Ait juré d'empêcher que je vous entretienne :
Mais, pour en triompher, souffrez à mon amour
De vous revoir, madame, avant la fin du jour.

FIN DU QUATRIÈME ACTE.

ACTE CINQUIÈME.

SCÈNE I.

ALCESTE, PHILINTE.

ALCESTE.

La résolution en est prise, vous dis-je.
PHILINTE.
Mais, quel que soit ce coup, faut-il qu'il vous oblige...
ALCESTE.
Non, vous avez beau faire et beau me raisonner,
Rien de ce que je dis ne me peut détourner ;
Trop de perversité règne au siècle où nous sommes,
Et je veux me tirer du commerce des hommes.
Quoi ! contre ma partie on voit tout-à-la-fois
L'honneur, la probité, la pudeur et les lois ;
On publie en tous lieux l'équité de ma cause ;
Sur la foi de mon droit mon ame se repose :
Cependant je me vois trompé par le succès,
J'ai pour moi la justice, et je perds mon procès !
Un traître, dont on sait la scandaleuse histoire,
Est sorti triomphant d'une fausseté noire !
Toute la bonne foi cède à sa trahison !
Il trouve, en m'égorgeant, moyen d'avoir raison !
Le poids de sa grimace, où brille l'artifice,
Renverse le bon droit, et tourne la justice !

Il fait par un arrêt couronner son forfait!
Et non content encor du tort que l'on me fait,
Il court parmi le monde un livre abominable,
Et de qui la lecture est même condamnable;
Un livre à mériter la dernière rigueur,
Dont le fourbe a le front de me faire l'auteur!
Et là-dessus on voit Oronte qui murmure,
Et tâche méchamment d'appuyer l'imposture!
Lui, qui d'un honnête homme à la cour tient le rang,
A qui je n'ai rien fait qu'être sincère et franc,
Qui me vient, malgré moi, d'une ardeur empressée,
Sur des vers qu'il a faits demander ma pensée;
Et parce que j'en use avec honnêteté,
Et ne le veux trahir, lui ni la vérité,
Il aide à m'accabler d'un crime imaginaire!
Le voilà devenu mon plus grand adversaire!
Et jamais de son cœur je n'aurai de pardon,
Pour n'avoir pas trouvé que son sonnet fût bon!
Et les hommes, morbleu! sont faits de cette sorte!
C'est à ces actions que la gloire les porte!
Voilà la bonne foi, le zèle vertueux,
La justice et l'honneur que l'on trouve chez eux?
Allons, c'est trop souffrir les chagrins qu'on nous forge,
Tirons-nous de ce bois et de ce coupe-gorge.
Puisqu'entre humains ainsi vous vivez en vrais loups,
Traîtres, vous ne m'aurez de ma vie avec vous.

PHILINTE.

Je trouve un peu bien prompt le dessein où vous êtes;

Et tout le mal n'est pas si grand que vous le faites.
Ce que votre partie ose vous imputer
N'a point eu le crédit de vous faire arrêter;
On voit son faux rapport lui-même se détruire,
Et c'est une action qui pourrait bien lui nuire.

ALCESTE.

Lui! de semblables tours il ne craint point l'éclat :
Il a la permission d'être franc scélérat;
Et, loin qu'à son crédit nuise cette aventure,
On l'en verra demain en meilleure posture.

PHILINTE.

Enfin il est constant qu'on n'a point trop donné
Au bruit que contre vous sa malice a tourné;
De ce côté déjà vous n'avez rien à craindre :
Et pour votre procès, dont vous pouvez vous plaindre,
Il vous est en justice aisé d'y revenir,
Et contre cet arrêt...

ALCESTE.

Non, je veux m'y tenir.
Quelque sensible tort qu'un tel arrêt me fasse,
Je me garderai bien de vouloir qu'on le casse;
On y voit trop à plein le bon droit maltraité,
Et je veux qu'il demeure à la postérité,
Comme une marque insigne, un fameux témoignage
De la méchanceté des hommes de notre âge.
Ce sont vingt mille francs qu'il m'en pourra coûter;
Mais pour vingt mille francs j'aurai droit de pester
Contre l'iniquité de la nature humaine,
Et de nourrir pour elle une immortelle haine.

PHILINTE.

Mais enfin...

ALCESTE.

Mais enfin vos soins sont superflus.
Que pouvez-vous, monsieur, me dire là-dessus?
Aurez-vous bien le front de me vouloir en face
Excuser les horreurs de tout ce qui se passe?

PHILINTE.

Non, je tombe d'accord de tout ce qu'il vous plaît:
Tout marche par cabale et par pur intérêt;
Ce n'est plus que la ruse aujourd'hui qui l'emporte,
Et les hommes devraient être faits d'autre sorte.
Mais est-ce une raison que leur peu d'équité,
Pour vouloir se tirer de leur société?
Tous ces défauts humains nous donnent, dans la vie,
Des moyens d'exercer notre philosophie;
C'est le plus bel emploi que trouve la vertu:
Et si de probité tout était revêtu,
Si tous les cœurs étaient francs, justes et dociles,
La plupart des vertus nous seraient inutiles,
Puisqu'on en met l'usage à pouvoir, sans ennui,
Supporter dans nos droits l'injustice d'autrui;
Et de même qu'un cœur d'une vertu profonde...

ALCESTE.

Je sais que vous parlez, monsieur, le mieux du monde;
En beaux raisonnements vous abondez toujours:
Mais vous perdez le temps et tous vos beaux discours.
La raison, pour mon bien, veut que je me retire:
Je n'ai point sur ma langue un assez grand empire;

ACTE V, SCÈNE II.

De ce que je dirais je ne répondrais pas ;
Et je me jeterais cent choses sur les bras.
Laissez-moi, sans dispute, attendre Célimène.
Il faut qu'elle consente au dessein qui m'amène ;
Je vais voir si son cœur a de l'amour pour moi ;
Et c'est ce moment-ci qui doit m'en faire foi.

PHILINTE.
Montons chez Éliante, attendant sa venue.

ALCESTE.
Non : de trop de soucis je me sens l'ame émue.
Allez-vous en la voir, et me laissez enfin
Dans ce petit coin sombre avec mon noir chagrin.

PHILINTE.
C'est une compagnie étrange pour attendre ;
Et je vais obliger Éliante à descendre.

SCÈNE II.

CÉLIMÈNE, ORONTE, ALCESTE.

ORONTE.
Oui, c'est à vous de voir si, par des nœuds si doux,
Madame, vous voulez m'attacher tout à vous.
Il me faut de votre ame une pleine assurance :
Un amant là-dessus n'aime point qu'on balance.
Si l'ardeur de mes feux a pu vous émouvoir,
Vous ne devez point feindre à me le faire voir ;
Et la preuve, après tout, que je vous en demande,
C'est de ne plus souffrir qu'Alceste vous prétende ;
De le sacrifier, madame, à mon amour,
Et de chez vous enfin le bannir dès ce jour.

CÉLIMÈNE.

Mais quel sujet si grand contre lui vous irrite,
Vous à qui j'ai tant vu parler de son mérite?

ORONTE.

Madame, il ne faut point ces éclaircissements;
Il s'agit de savoir quels sont vos sentiments.
Choisissez, s'il vous plaît, de garder l'un ou l'autre;
Ma résolution n'attend rien que la vôtre.

ALCESTE, *sortant du coin où il était.*

Oui, monsieur a raison; madame, il faut choisir;
Et sa demande ici s'accorde à mon désir.
Pareille ardeur me presse, et même soin m'amène;
Mon amour veut du vôtre une marque certaine :
Les choses ne sont plus pour traîner en longueur,
Et voici le moment d'expliquer votre cœur.

ORONTE.

Je ne veux point, monsieur, d'une flamme importune
Troubler aucunement votre bonne fortune.

ALCESTE.

Je ne veux point, monsieur, jaloux ou non jaloux,
Partager de son cœur rien du tout avec vous.

ORONTE.

Si votre amour au mien lui semble préférable...

ALCESTE.

Si du moindre penchant elle est pour vous capable...

ORONTE.

Je jure de n'y rien prétendre désormais.

ALCESTE.

Je jure hautement de ne la voir jamais.

ACTE V, SCÈNE II.

ORONTE.
Madame, c'est à vous de parler sans contrainte.

ALCESTE.
Madame, vous pouvez vous expliquer sans crainte.

ORONTE.
Vous n'avez qu'à nous dire où s'attachent vos vœux.

ALCESTE.
Vous n'avez qu'à trancher, et choisir de nous deux.

ORONTE.
Quoi! sur un pareil choix vous semblez être en peine!

ALCESTE.
Quoi! votre ame balance, et paraît incertaine!

CÉLIMÈNE.
Mon dieu! que cette instance est là hors de saison!
Et que vous témoignez tous deux peu de raison!
Je sais prendre parti sur cette préférence,
Et ce n'est pas mon cœur maintenant qui balance:
Il n'est point suspendu, sans doute, entre vous deux;
Et rien n'est sitôt fait que le choix de nos vœux.
Mais je souffre, à vrai dire, une gêne trop forte
A prononcer en face un aveu de la sorte:
Je trouve que ces mots, qui sont désobligeants,
Ne se doivent point dire en présence des gens;
Qu'un cœur de son penchant donne assez de lumière,
Sans qu'on nous fasse aller jusqu'à rompre en visière;
Et qu'il suffit enfin que de plus doux témoins

Instruisent un amant du malheur de ses soins.
ORONTE.
Non, non, un franc aveu n'a rien que j'appréhende,
J'y consens pour ma part.
ALCESTE.
      Et moi, je le demande;
C'est son éclat surtout qu'ici j'ose exiger,
Et je ne prétends point vous voir rien ménager.
Conserver tout le monde est votre grande étude :
Mais plus d'amusement, et plus d'incertitude ;
Il faut vous expliquer nettement là-dessus,
Ou bien pour un arrêt je prends votre refus ;
Je saurai, de ma part, expliquer ce silence,
Et me tiendrai pour dit tout le mal que j'en pense.
ORONTE.
Je vous sais fort bon gré, monsieur, de ce courroux,
Et je lui dis ici même chose que vous.
CÉLIMÈNE.
Que vous me fatiguez avec un tel caprice !
Ce que vous demandez a-t-il de la justice ?
Et ne vous dis-je pas quel motif me retient ?
J'en vais prendre pour juge Éliante qui vient.

SCÈNE III.

ÉLIANTE, PHILINTE, CÉLIMÈNE, ORONTE, ALCESTE.

CÉLIMÈNE.
Je me vois, ma cousine, ici persécutée

Par des gens dont l'humeur y paraît concertée.
Ils veulent, l'un et l'autre, avec même chaleur,
Que je prononce entre eux le choix que fait mon cœur ;
Et que, par un arrêt qu'en face il me faut rendre,
Je défende à l'un d'eux tous les soins qu'il peut prendre.
Dites-moi si jamais cela se fait ainsi ?
ÉLIANTE.
N'allez point là-dessus me consulter ici :
Peut-être y pourriez-vous être mal adressée,
Et je suis pour les gens qui disent leur pensée.
ORONTE.
Madame, c'est en vain que vous vous défendez.
ALCESTE.
Tous vos détours ici seront mal secondés.
ORONTE.
Il faut, il faut parler, et lâcher la balance.
ALCESTE.
Il ne faut que poursuivre à garder le silence.
ORONTE.
Je ne veux qu'un seul mot pour finir nos débats.
ALCESTE.
Et moi, je vous entends, si vous ne parlez pas.

SCÈNE IV.

ARSINOÉ, CÉLIMÈNE, ÉLIANTE, ALCESTE, PHILINTE, ACASTE, CLITANDRE, ORONTE.

ACASTE, *à Célimène.*

Madame, nous venons tous deux, sans vous déplaire,
Eclaircir avec vous une petite affaire.

CLITANDRE, *à Oronte et à Alceste.*

Fort à propos, messieurs, vous vous trouvez ici;
Et vous êtes mêlés dans cette affaire aussi.

ARSINOÉ, *à Célimène.*

Madame, vous serez surprise de ma vue.
Mais ce sont ces messieurs qui causent ma venue:
Tous deux ils m'ont trouvée, et se sont plaints à moi
D'un trait à qui mon cœur ne saurait prêter foi.
J'ai du fonds de votre ame une trop haute estime,
Pour vous croire jamais capable d'un tel crime;
Mes yeux ont démenti leurs témoins les plus forts,
Et, l'amitié passant sur de petits discords,
J'ai bien voulu chez vous leur faire compagnie
Pour vous voir vous laver de cette calomnie.

ACASTE.

Oui, madame, voyons d'un esprit adouci
Comment vous vous prendrez à soutenir ceci.
Cette lettre par vous est écrite à Clitandre.

CLITANDRE.

Vous avez pour Acaste écrit ce billet tendre.

ACTE V, SCÈNE IV.

ACASTE, *à Oronte et à Alceste.*

Messieurs, ces traits pour vous n'ont point d'obscurité.
Et je ne doute pas que sa civilité
A connaître sa main n'ait trop su vous instruire.
Mais ceci vaut assez la peine de le lire :

Vous êtes un étrange homme, Clitandre, de condamner mon enjouement, et de me reprocher que je n'ai jamais tant de joie que lorsque je ne suis pas avec vous. Il n'y a rien de plus injuste ; et si vous ne venez bien vîte me demander pardon de cette offense, je ne vous la pardonnerai de ma vie. Notre grand flandrin de vicomte...

Il devrait être ici.

Notre grand flandrin de vicomte, par qui vous commencez vos plaintes, est un homme qui ne saurait me revenir ; et, depuis que je l'ai vu, trois-quarts d'heure durant, cracher dans un puits pour faire des ronds, je n'ai pu jamais prendre bonne opinion de lui. Pour le petit marquis...

C'est moi-même, messieurs, sans nulle vanité.

Pour le petit marquis, qui me tint hier long-temps la main, je trouve qu'il n'y a rien de si mince que toute sa personne, et ce sont de ces mérites qui n'ont que la cape et l'épée. Pour l'homme aux rubans verts...

(*à Alceste.*)
A vous le dé, monsieur.

Pour l'homme aux rubans verts, il me divertit quelquefois avec ses brusqueries et son chagrin bourru; mais il est cent moments où je le trouve le plus fâcheux du monde. Et pour l'homme au sonnet...

(*à Oronte.*)

Voici vôtre paquet.

Et pour l'homme au sonnet, qui s'est jeté dans le bel esprit, et veut être auteur malgré tout le monde, je ne puis me donner la peine d'écouter ce qu'il dit, et sa prose me fatigue autant que ses vers. Mettez-vous donc en tête que je ne me divertis pas toujours si bien que vous pensez; que je vous trouve à dire, plus que je ne voudrais, dans toutes les parties où l'on m'entraîne; et que c'est un merveilleux assaisonnement aux plaisirs qu'on goûte, que la présence des gens qu'on aime.

CLITANDRE.

Me voici maintenant, moi.

Votre Clitandre, dont vous me parlez, et qui fait tant le doucereux, est le dernier des hommes pour qui j'aurais de l'amitié. Il est extravagant de se persuader qu'on l'aime, et vous l'êtes de croire qu'on ne vous aime pas. Changez, pour être raisonnable, vos sentiments contre les siens; et voyez-moi le plus que vous pourrez, pour m'aider à porter le chagrin d'en être obsédée.

D'un fort beau caractère on voit là le modèle,

Madame, et vous savez comment cela s'appelle.
Il suffit. Nous allons, l'un et l'autre, en tous lieux
Montrer de votre cœur le portrait glorieux.

ACASTE.

J'aurais de quoi vous dire, et belle est la matière :
Mais je ne vous tiens pas digne de ma colère ;
Et je vous ferai voir que les petits marquis
Ont, pour se consoler, des cœurs de plus haut prix.

SCÈNE V.

CÉLIMÈNE, ÉLIANTE, ARSINOÉ, ALCESTE, ORONTE, PHILINTE.

ORONTE.

Quoi ! de cette façon je vois qu'on me déchire,
Après tout ce qu'à moi je vous ai vu m'écrire !
Et votre cœur, paré de beaux semblants d'amour,
A tout le genre humain se promet tour à tour !
Allez, j'étais trop dupe, et je vais ne plus l'être ;
Vous me faites un bien, me faisant vous connaître :
J'y profite d'un cœur qu'ainsi vous me rendez,
Et trouve ma vengeance en ce que vous perdez.
   (*à Alceste.*)
Monsieur, je ne fais plus d'obstacle à votre flamme,
Et vous pouvez conclure affaire avec madame.

SCÈNE VI.

CÉLIMÈNE, ÉLIANTE, ARSINOÉ, ALCESTE, PHILINTE.

ARSINOÉ, *à Célimène.*

Certes, voilà le trait du monde le plus noir :

Je ne m'en saurais taire, et me sens émouvoir :
Voit-on des procédés qui soient pareils aux vôtres ?
Je ne prends point de part aux intérêts des autres ;
  (*montrant Alceste.*)
Mais monsieur, que chez vous fixait votre bonheur,
Un homme comme lui, de mérite et d'honneur,
Et qui vous chérissait avec idolâtrie,
Devait-il...
ALCESTE.
   Laissez-moi, madame, je vous prie,
Vider mes intérêts moi-même là-dessus ;
Et ne vous chargez pas de ces soins superflus.
Mon cœur a beau vous voir prendre ici sa querelle,
Il n'est point en état de payer ce grand zèle ;
Et ce n'est point à vous que je pourrai songer,
Si par un autre choix je cherche à me venger.
ARSINOÉ.
Hé ! croyez-vous, monsieur, qu'on ait cette pensée,
Et que de vous avoir on soit tant empressée ?
Je vous trouve un esprit bien plein de vanité,
Si de cette créance il peut s'être flatté.
Le rebut de madame est une marchandise
Dont on aurait grand tort d'être si fort éprise.
Détrompez-vous, de grâce, et portez-le moins haut.
Ce ne sont pas des gens comme moi qu'il vous faut :
Vous ferez bien encor de soupirer pour elle ;
Et je brûle de voir une union si belle.

SCÈNE VII.
CÉLIMÈNE, ÉLIANTE, ALCESTE, PHILINTE.

ALCESTE, *à Célimène.*

Hé bien ! je me suis tu, malgré ce que je vois,
Et j'ai laissé parler tout le monde avant moi.
Ai-je pris sur moi-même un assez long empire ?
Et puis-je maintenant...?

CÉLIMÈNE.

Oui, vous pouvez tout dire ;
Vous en êtes en droit, lorsque vous vous plaindrez,
Et de me reprocher tout ce que vous voudrez.
J'ai tort, je le confesse, et mon ame confuse
Ne cherche à vous payer d'aucune vaine excuse.
J'ai des autres ici méprisé le courroux ;
Mais je tombe d'accord de mon crime envers vous.
Votre ressentiment, sans doute, est raisonnable ;
Je sais combien je dois vous paraître coupable,
Que toute chose dit que j'ai pu vous trahir,
Et qu'enfin vous avez sujet de me haïr.
Faites-le, j'y consens.

ALCESTE.

Hé ! le puis-je, traîtresse ?
Puis-je ainsi triompher de toute ma tendresse ?
Et, quoiqu'avec ardeur je veuille vous haïr,
Trouvé-je un cœur en moi tout prêt à m'obéir ?
(*à Éliante et à Philinte.*)
Vous voyez ce que peut une indigne tendresse,

Et je vous fais tous deux témoins de ma faiblesse.
Mais, à vous dire vrai, ce n'est pas encor tout,
Et vous allez me voir la pousser jusqu'au bout,
Montrer que c'est à tort que sages on nous nomme,
Et que dans tous les cœurs il est toujours de l'homme.
  (*à Célimène*).
Oui, je veux bien, perfide, oublier vos forfaits;
J'en saurai, dans mon ame, excuser tous les traits,
Et me les couvrirai du nom d'une faiblesse
Où le vice du temps porte votre jeunesse,
Pourvu que votre cœur veuille donner les mains
Au dessein que j'ai fait de fuir tous les humains,
Et que dans mon désert, où j'ai fait vœu de vivre,
Vous soyez, sans tarder, résolue à me suivre.
C'est par là seulement que, dans tous les esprits,
Vous pouvez réparer le mal de vos écrits,
Et qu'après cet éclat, qu'un noble cœur abhorre,
Il peut m'être permis de vous aimer encore.
    CÉLIMÈNE.
Moi, renoncer au monde avant que de vieillir!
Et dans votre désert aller m'ensevelir!
    ALCESTE.
Et, s'il faut qu'à mes feux votre flamme réponde,
Que vous doit importer tout le reste du monde?
Vos désirs avec moi ne sont-ils pas contents?
    CÉLIMÈNE.
La solitude effraie une ame de vingt ans.
Je ne sens point la mienne assez grande, assez forte,
Pour me résoudre à prendre un dessein de la sorte.

ACTE V, SCÈNE VIII.

Si le don de ma main peut contenter vos vœux,
Je pourrai me résoudre à serrer de tels nœuds,
Et l'hymen...

ALCESTE.

Non, mon cœur à présent vous déteste,
Et ce refus lui seul fait plus que tout le reste.
Puisque vous n'êtes point, en des liens si doux,
Pour trouver tout en moi comme moi tout en vous,
Allez, je vous refuse; et ce sensible outrage
De vos indignes fers pour jamais me dégage.

SCÈNE VIII.

ÉLIANTE, ALCESTE, PHILINTE.

ALCESTE, *à Eliante.*

Madame, cent vertus ornent votre beauté,
Et je n'ai vu qu'en vous de la sincérité;
De vous, depuis long-temps, je fais un cas extrême:
Mais laissez-moi toujours vous estimer de même;
Et souffrez que mon cœur, dans ses troubles divers,
Ne se présente point à l'honneur de vos fers:
Je m'en sens trop indigne, et commence à connaître
Que le ciel pour ce nœud ne m'avait point fait naître,
Que ce serait pour vous un hommage trop bas
Que le rebut d'un cœur qui ne vous valait pas;
Et qu'enfin...

ÉLIANTE.

Vous pouvez suivre cette pensée:
Ma main de se donner n'est pas embarrassée;
Et voilà votre ami, sans trop m'inquiéter,

www.ingramcontent.com/pod-product-compliance
Lightning Source LLC
Chambersburg PA
CBHW070523170426
43200CB00011B/2299